Bernhard Gelderblom

Hameln im Jahre 1933

Titelbild: Demonstration von NSDAP, SA, Hitlerjugend, Stahlhelm und einer großen Menschenmenge vor dem Hochzeitshaus am 8. März 1933 (Quelle: Stadtarchiv Hameln)

Rückseitiges Bild: Ehrenbürgerbrief der Stadt Hameln für Adolf Hitler (Quelle: Stadtarchiv Hameln)

Bibliografische Information der Deutschen Nationalbibliothek
Die Deutsche Nationalbibliothek verzeichnet diese Publikation in der Deutschen Nationalbibliografie; detaillierte bibliografische Daten sind im Internet über http://dnb.de abrufbar.
ISBN 978-3-95954-149-7

Gestaltung: Verlag Jörg Mitzkat

Verlag Jörg Mitzkat · Holzminden, 2024 · www.mitzkat.de

Bernhard Gelderblom

Hameln im Jahre 1933

– nationaler Rausch
– willige „Gleichschaltung“
– brutale Gewalt

Herausgeber
Verein für regionale Kultur- und Zeitgeschichte Hameln e.V.
und
Denkanstoß Hameln e.V.

Schriftenreihe des Vereins
für regionale Kultur- und Zeitgeschichte Band 3

Hameln 2024

Inhalt

Vorspruch

Wenn es wahr ist, dass die NS-Diktatur nur am Anfang hätte gestoppt werden können, dann gibt es keine bedeutsamere Frage als die, wie Hitler an die Macht kam. Und auf Hameln bezogen: Wie verlief dieser Prozess in Hameln?

Persönliche Erinnerungen an die sog. Machtergreifung sind nicht mehr präsent. Wer damals dabei war, war schwerlich in der Lage, unbefangen zu berichten. Später – nach dem verheerenden Ende – war die Tendenz zur Rechtfertigung, Verdrängung und Verleugnung groß.

Hier wird aus einem Abstand von 91 Jahren anhand der Quellen berichtet, die sich in Archiven und Zeitungsberichten erhalten haben. Umfangreiche Bestände aus dem Besitz der Arbeiterbewegung sind 1933 den „Säuberungen" durch SA und NSDAP zum Opfer gefallen. Die Hamelner NSDAP hat ihre Akten zu Kriegsende selbst vernichtet. Zur Verfügung stehen deswegen weitgehend nur behördliche Akten der Stadtverwaltung und der Regierung in Hannover.

Nachdem die sozialdemokratische Niedersächsische Volksstimme bereits im Februar 1933 gewaltsam zum Verstummen gebracht wurde, blieb als Tageszeitung einzig die Dewezet. Die „Niedersächsische Tageszeitung Weserbergland", ein reines NS-Blatt, spielt für die Lokalberichterstattung nahezu keine Rolle.

Die Deister- und Weserzeitung Hameln (Dewezet) stellt für die Monate Januar bis Juli 1933 eine wertvolle Quelle dar, insofern sie sich bemüht, die Ereignisse dieser teilweise brutalen Zeit – wenn auch aus bürgerlich-konservativer Sicht – recht vollständig darzustellen. Sie verschweigt auch viele der Gesetzesübertretungen nicht, die sich die Nationalsozialisten haben zuschulden kommen lassen, allerdings ohne sie als solche anzuprangern. Die Zeitung erfüllt damit gleichsam eine Chronistenpflicht.

Unersetzlich sind ihre breiten Schilderungen der Feste und Feiern, aber auch die im Wortlaut wiedergegebenen Reden, welche die Atmosphäre der Zeit gut wiedergeben. Die vorliegende Broschüre greift deswegen häufig auf die Dewezet zurück. Um den Anmerkungsapparat zu entlasten, wird die Angabe des genauen Fundorts in den Text integriert.

Die Darstellung kann auf zwei Vorarbeiten zurückgreifen. Hubert Brieden hat in seinem 1994 erschienenen Buch „Die Polizei griff ein …“ die „vergessene Geschichte der Hamelner Arbeiterbewegung“ dargestellt. Zum Zweiten sind drei vom Stadtarchiv in Auftrag gegebene Broschüren von Hubertus Rollfing zu nennen: „Politische und soziale Verhältnisse in Hameln 1919-1933“, „Die Machtübernahme durch die Nationalsozialisten in Hameln 1933“ und „Nationalsozialismus in Hameln“. Sie stammen aus den 1980er Jahren.

Dem schmalen Umfang einer Broschüre ist es geschuldet, dass manche Themen hier nur angerissen werden können, andere – wie z.B. das Verhalten der Kirchen – gar nicht zur Darstellung kommen

Der Verfasser dankt dem Verein Denkanstoß Hameln. Er hat den Anstoß dazu gegeben, diese Broschüre zu schreiben. Sie erscheint anlässlich der Ausstellung „Auftakt des Terrors. Frühe Konzentrationslager im Nationalsozialismus“, die vom 19. Februar bis 17. März 2024 im Hamelner Bahnhof zu sehen sein wird.

Bernhard Gelderblom im Februar 2024

Die letzten Jahre der Republik von Weimar – Die Zuspitzung der Spannungen und der Aufstieg der NSDAP

Hameln war in den 1930er Jahren eine mehrheitlich bürgerlich-konservative und kleinbürgerlich geprägte Mittelstadt mit ca. 30.000 Einwohnern, gelegen in einem agrarisch geprägten Umland im beschaulichen, ein wenig im Abseits liegenden Weserbergland. Wie verlief hier in der schwierigen Zeit der Weltwirtschaftskrise der Übergang von der Republik zum NS-Staat?

Nach den wenigen „Goldenen Jahren" der Weimarer Republik verschärften sich seit 1929 mit der beginnenden Weltwirtschaftskrise die politischen und sozialen Spannungen in Hameln. Vier Reichstagswahlen folgten in nur drei Jahren aufeinander. Der permanente Wahlkampf war zunehmend von Gewalt begleitet.

Die Parteien der Weimarer Republik waren „Weltanschauungs-Parteien", die sich in deutlichen Gegensätzen begegneten. Um ihre Veranstaltungen zu schützen und gegnerische Veranstaltungen zu stören, gründeten sie paramilitärisch organisierte Verbände, Kampfbünde, welche sich immer weiter radikalisierten.

Wie in einem Brennspiegel beleuchtet die Abbildung (S. 10) die überhitzte politische Atmosphäre in den letzten Monaten der Republik von Weimar. Auf dem engen Raum einer Gasse der Hamelner Altstadt, in benachbarten Wohnungen, stoßen die politischen Gegensätze aufeinander. Vier, möglicherweise fünf verschiedene Fahnen stehen für konträre, sich teilweise massiv bekämpfende politische Bekenntnisse.

Symbolkrieg vor einer Reichstags-Wahl in der Hamelner Kupferschmiedestraße (Blickrichtung Wendenstraße)
Auf engstem Raum stoßen die politischen Gegensätze aufeinander. Das undatierte Foto entstand wahrscheinlich am 6. November 1932, also kurz bevor Hitler an die Macht gelangte.
(Quelle: Stadtarchiv Hameln)

Mit den Farben Schwarz-Weiß-Rot, der Flagge des Kaiserreiches, dokumentierte die rechtskonservative Deutschnationale Volkspartei (DNVP) ihre Ablehnung der Republik. Der Wehrverband „Stahlhelm – Bund der Frontsoldaten" stand der DNVP ideologisch nahe und diente ihr als bewaffneter Arm.

Das Hakenkreuz – auf revolutionärem rotem Grund – nutzten die Nationalsozialisten als Fahne. Die SA (Sturmabteilung) spielte bei ihrem Aufstieg eine entscheidende Rolle, indem sie Versammlungen der NSDAP mit Gewalt abschirmte und gegnerische Veranstaltungen störte.

Hammer und Sichel auf rotem Grund waren das Symbol der kommunistischen Partei Deutschlands (KPD) und des der KPD nahestehenden „Roten Frontkämpferbundes".

Das „Reichsbanner" mit dem Symbol der drei Pfeile wurde als Reaktion auf den Hitlerputsch von 1923 von Mitgliedern der SPD, des Zentrum, der Deutschen Demokratischen Partei sowie Gewerkschaftern gegründet. Der Anteil der Sozialdemokraten überwog deutlich.

Nicht mit einer Fahne vertreten ist die Deutsche Volkspartei (DVP). Die lange staatstragende bürgerliche Partei, die in Hameln mit Dr. Scharnow den Oberbürgermeister stellte, war zwischen NSDAP und DNVP zerrieben worden.

Als einzige der gezeigten Fahnen bekannte sich die des Reichsbanners und die hinter ihm stehenden Parteien SPD, Zentrum und DDP zur Verfassung von Weimar. Es war erklärtes Ziel aller übrigen Parteien, die Demokratie von Weimar zerstören. 1932 wollte die Mehrheit der Deutschen diese Republik nicht mehr.

Die Gegenüberstellung der Reichstags-Wahlergebnisse von SPD und NSDAP für die Jahre 1930-1933 in Hameln zeigt eine massive Verschiebung im Wahlverhalten:

Reichstagswahl am 14. September 1930			
SPD	Reich	24,5	Hameln 37,9
NSDAP	Reich	18,3	Hameln 25,1
Reichstagswahl am 31. Juli 1932			
SPD	Reich	21,6	Hameln 33,8
NSDAP	Reich	37,4	Hameln 45,4
Reichstagswahl am 6. November 1932			
SPD	Reich	20,4	Hameln 30,8
NSDAP	Reich	33,1	Hameln 38,8
Reichstagswahl am 5. März 1933			
SPD	Reich	18,3	Hameln 23,5
NSDAP	Reich	43,9	Hameln 46,2

Seit 1929 gelang der NSDAP in Deutschland und auch im Weserbergland ein geradezu atemberaubender Aufstieg. Sie wurde zur dominierenden Partei des bürgerlich-nationalen Lagers. Dabei spielte die paramilitärische Kampforganisation der NSDAP, die SA (= Sturmabteilung), eine entscheidende Rolle. Sie schützte mit Gewalt deren Versammlungen vor dem politischen Gegner und ging aggressiv gegen Sozialdemokraten, Kommunisten und Juden vor. Dabei vermied die SA nach Möglichkeit Konflikte mit der Staatsmacht.

In Hameln verdoppelte die NSDAP ihre Stimmenzahl nahezu. Es ist besonders bemerkenswert, dass sie stets deutlich über Reichsdurchschnitt lag. Die Wähler der traditionellen bürgerlichen Parteien gingen fast komplett zur NSDAP über. Nur noch die weit rechts stehende DNVP erreichte am 6. November 1932 mit 8,6 Prozent der Stimmen ein achtbares Ergebnis.

Die SPD verlor Stimmen, blieb aber zweitstärkste Partei und bis 1933 eine beachtliche und selbstbewusste Kraft. Die KPD spielte in Hameln lange eine geringe Rolle. Erst in der Endphase der Republik (am 6. November 1932) erreichte sie mit 9,1 Prozent ein gutes Ergebnis, das aber unter Reichsdurchschnitt lag.

Die Wahlkämpfe führten auch in Hameln zu Massenprügeleien und „Saalschlachten“. Dabei ist auffällig, dass die Hamelner Polizei, die sich weitgehend aus

Kräften aus der Kaiserzeit rekrutierte, zu den Nationalsozialisten tendierte und sich weitgehend auf die Bekämpfung von Kommunisten und Sozialdemokraten bzw. Reichsbannerleuten konzentrierte.

Ein Beispiel für parteiliches Verhalten der örtlichen Polizei bildet der Umgang mit einem anonymen Flugblatt, das am 7. August 1931 in Hameln auftauchte. In einer brutalen Sprache und mit zahlreichen Rechtschreibfehlern forderte es zum „Kampf auf illegalem Wege … gegen dieses System“ auf. Unschwer war es der NSDAP zuzuordnen.[1]

Das „rote Mordgesindel“ sollte erschossen werden, darunter die bekannten Hamelner Sozialdemokraten Karl Müller (Ratsherr und Mitglied des preußischen Landtags) und Arno Reichard (Redakteur der Tageszeitung Niedersächsische Volksstimme) und „Jüdische Geldverschieber“ an die Laternenpfähle gebracht werden. Politiker wie Reichskanzler Heinrich Brüning und der preußische Ministerpräsident Otto Braun wurden in ähnlicher Weise bedroht.

Die Hamelner Polizei hatte es nicht für nötig befunden, das Flugblatt zur Anzeige zu bringen. Als der Hamelner Senator Karl Müller (SPD Hameln) daraufhin am 25. August 1931 im Preußischen Landtag eine kleine Anfrage an das preußische Staatsministerium in Berlin stellte und die „Kumpanei“ der Polizei mit der NSDAP beklagte, stellte sich Hamelns Oberbürgermeister Scharnow zunächst vor seinen Polizeichef.

Nachdem das Ergebnis einer Untersuchung des Vorfalls durch auswärtige Polizeikräfte vorlag, sprach der preußische Innenminister Severing dem Hamelner Oberbürgermeister Scharnow als Ortspolizeibehörde am 18. Januar 1932 eine deutliche „Mißbilligung“ aus. Hameln erhielt im März 1932 mit Walter Tuttas einen neuen Polizeikommissar.[2]

Symptomatisch für die tiefe Spaltung der Hamelner Bevölkerung ist, dass die Niedersächsische Volksstimme ausführlich über den Skandal berichtete (z.B. am 17.10.1931), die ungleich auflagenstärkere bürgerlich-konservative Dewezet ihren Lesern den Vorfall jedoch verschwieg.

Die weitere politische Entwicklung ermutigte die NSDAP und die SA zu einem noch brutaleren Vorgehen. Mit der Begründung, das Land Preußen könne die öffentliche Sicherheit und Ordnung nicht mehr garantieren, setzte Reichskanz-

1 Für das Folgende StA Hameln, Best. 1, Nr. 607
2 StA Hameln, Best. 1, Nr. 999

Donnerstag, den 21. Juli 1932 — Niedersächsische Volksstimme — 14. Jahrgang – Nummer 169

Organ für die werktätige Bevölkerung der Kreise Hameln-Pyrmont, Rinteln, Springe u. angr...

Hameln

Reichskommissar für Preußen / Ausnahmezustand

Das hat Hitler gewollt!

Papen setzt die Preußenregierung ab

Severing weicht nur der Gewalt / Reichswehr verhaftet Grzesinski

Volk, befreie dich am 31. Juli! Liste 1

Der preußische Protest

Otto Braun antwortet

An die Partei! Sozialdemokratie im Kampf um Freiheit!

Der Kampf um die Wiederherstellung geordneter Rechtszustände in der deutschen Republik ist zunächst mit aller Kraft als Wahlkampf zu führen. Es liegt beim deutschen Volke, durch seinen Machtspruch am 31. Juli dem gegenwärtigen Zustand ein Ende zu bereiten, der durch das Zusammenwirken der Reichsregierung mit der Nationalsozialistischen Partei entstanden ist. Die Organisationen sind in höchste Kampfbereitschaft zu bringen. Strengste Disziplin ist mehr denn je geboten. Wilden Parolen von unbefugter Seite ist Widerstand zu leisten! Jetzt vor allem mit konzentrierter Kraft für den Sieg der Sozialdemokratie am 31. Juli! Freiheit!

Berlin, 20. Juli 1932 Der Parteivorstand

Die sozialdemokratische Niedersächsische Volksstimme vom 21. Juli 1932 zum „Preußenschlag“ (Quelle: Stadtarchiv Hameln)

ler Franz von Papen am 20. Juli 1932 per „Notverordnung“ die preußische Regierung unter dem Sozialdemokraten Otto Braun ab. Von Papen selbst ließ sich von Reichspräsident Hindenburg zum Reichskommissar in Preußen ernennen. So fiel das für die Erhaltung der Demokratie wichtigste Land in die Hände der Gegner der Weimarer Republik. Innenminister Carl Severing (SPD) und viele weitere republiktreue Beamte mussten gehen.

Fast zeitgleich mit dem „Preußenschlag“ gelang der NSDAP bei der Reichstagswahl vom 31. Juli 1932 ein überwältigender Sieg. Im Sommer 1932 sahen sich die Nationalsozialisten kurz vor der Übernahme der politischen Macht. Nun ging eine Welle der Gewalt über Deutschland hinweg.

In der Nacht nach der von der NSDAP triumphal gewonnenen Reichstagswahl kam es zu mehreren Zusammenstößen zwischen Reichsbannermännern und SA, bei denen von Seiten der SA erstmals auch geschossen wurde. In Groß Berkel verhaftete die Polizei elf Reichsbannerleute, während die SA-Männer, die geschossen hatten, entkamen (Dewezet 1.8.1932). In Hessisch Oldendorf erschoss SA den Reichsbannermann Fritz Schwedt (Niedersächsische Volksstimme 2.8.1932).

Die Hamelner SA-Standarte 164 stand unter der Leitung von Standartenführer Richard Kalusche. Kalusche hatte sich nach dem Ersten Weltkrieg den rechtsradikalen Freicorps angeschlossen und im Baltikum gekämpft. Mit der selbstgewählten Bezeichnung „Mördersturm“ genoss die Hamelner SA-Standarte einen in die Region ausstrahlenden Ruf. Sie pflegte ein besonders kriegerisches Selbstverständnis und verkündete die bedingungslose „Opferbereitschaft“ für ihren „Führer“. Für den Fall der Machtübernahme kündigte sie die

große Abrechnung mit den politischen Gegnern an.
Am 7. Juli 1932 veröffentlichte die Niedersächsische Volksstimme einen „Aufmarschplan“ der SA-Standarte 164 für Hameln. Der Plan enthielt differenzierte Auflistungen für einen Einsatz der Standarte 164 in Hameln und Umgebung: Besetzung von wichtigen Gebäuden, Sicherung der Zufahrtsstraßen, Quartierverteilung, Organisation des Meldewesens, Sicherung des ländlichen Umlands, Alarmpläne, etc.

Der Hamelner SA-Führer Richard Kalusche, undatiertes Foto aus seiner NSDAP-Personalakte

(Bundesarchiv Berlin)

Kalusche hatte die Unterlagen peinlicherweise in seiner Aktentasche irgendwo liegengelassen und musste der Polizei gegenüber zugeben, dass der Abdruck in der niedersächsischen Volksstimme mit den Originalen übereinstimmte. Er redete sich damit heraus, dass der Plan gegen einen kommunistischen Umsturzversuch gerichtet sei. Genauso gut hätte er sich freilich auch für einen SA-Putsch geeignet.

Die Polizei verfolgte den Fall nicht weiter.[3] Der Dewezet war er erneut nicht einmal eine Meldung wert. Nicht wenige Einwohner Hamelns dürften dem Plan aufgeschlossen gegenübergestanden haben.

3 Landesarchiv Hannover, Hann. 80 Hann. II, Nr. 742, Bl. 317

Von der Ernennung Hitlers zum Reichskanzler über die Zerschlagung der KPD bis zu den Reichstagswahlen am 5. März und zum „Tag von Potsdam“ am 21. März

Lange hatte Reichspräsident Hindenburg es abgelehnt, den „böhmischen Gefreiten“ zum Reichskanzler zu ernennen. Am 30. Januar 1933 war es schließlich doch so weit. Der gescheiterte Reichskanzler von Papen, der Hindenburgs Vertrauen genoss, meinte in totaler Verblendung, einen Reichskanzler Hitler „einrahmen“, d.h. unter seine Kuratel stellen zu können.

Mit der Ernennung Hitlers hatten die Nationalsozialisten die entscheidende Hürde auf dem Weg zur Macht genommen. Zwei Tage später löste Hindenburg auf Drängen Hitlers den Reichstag auf und kündigte Neuwahlen für den 5. März an. Bis zu den Wahlen konnte Hitler nun mit „Notverordnungen“ regieren, ohne Rücksicht auf den Reichstag nehmen zu müssen.

Von Papens arroganter Ausspruch, man habe Hitler bloß „engagiert“, um ihn bald wieder fallen lassen zu können, erwies sich als krasse Fehleinschätzung. Die NSDAP sorgte mit Radikalität und Gewalt für eine revolutionäre Dynamik, die Deutschland innerhalb weniger Monate fundamental veränderte. Ihr kam dabei zugute, dass sie mit der SA eine gewaltbereite Truppe in der Stärke von über 400.000 Mann zur Verfügung hatte. Günstig für eine Umwälzung von Staat und Gesellschaft wirkte sich aber auch aus, dass im Bürgertum eine tiefsitzende, irrationale Furcht vor einer kommunistischen Machtübernahme herrschte.

Hitler ist Reichskanzler – Die Feier in Hameln

Das Ereignis der sog. „Machtergreifung“ wurde auch in Hameln groß gefeiert. Wie am Abend zuvor in Berlin veranstalteten SA und Stahlhelm, der Kampfbund der rechtsradikalen DNVP, am 31. Januar einen langen Fackelzug durch die Stadt. Laut Dewezet (1.2.1933), die den Zug mit einem ausführlichen, sichtlich wohlwollenden Artikel würdigte, war der 30. Januar für viele Hamelner ein Tag nationaler Hoffnung.

Deister- und Weserzeitung

Täglicher Anzeiger für das mittlere Wesergebiet und die angrenzenden Landesteile

Beilagen: Die Illustrierte Dewezet / Sport am Montag / Haus- und Landwirtschaft / Unterhaltung und Wissen / Die Dewezet der Frau / Jung-Zeitung

Dewezet

Hauptgeschäftsstelle und Schriftleitung: Hameln, Osterstr. 19, Fernsprecher-Sammel-Nr. 3033 – Eigene Vertriebsstellen in ca. 170 Ortschaften

Nr. 25 Hameln, Montag, den 30. Januar 1933 86. Jahrg.

Hitler Reichskanzler.

Hugenberg Wirtschafts- und Ernährungsminister – Papen Vizekanzler – Frick, Goering und Seldte im Kabinett – Neurath und Schwerin-Krosigk sind geblieben.

Titel der Dewezet vom 30. Januar 1933 (Quelle: Archiv der Dewezet)

> „In der Bäckerstraße säumt die Menge zu beiden Seiten die Bürgersteige, in der Osterstraße drängen sich viele hundert Menschen vom Rathaus bis zur Garnisonkirche, am alten Exerzierplatz (an der Sedanstraße) herrscht ein gewaltiges Drängen und Laufen. Hier sammelt sich die Mannschaft der SA.-Standarte 164 Hameln um ihre Zeichen und tritt die Mannschaft des Stahlhelm von Hameln an zum Fackelzug aus Anlaß des Tages, an dem der Reichspräsident den Führer der Nationalsozialisten zum Kanzler ernannte. Kurz nach 20 Uhr setzt sich der Zug in Bewegung. An der Spitze die kriegsstarke SA.-Musik, hinter ihr die Männer im braunen Hemd mit ihren Fahnen, dann die Stadtkapelle, die die Stahlhelmer führt, und als Nachhut wieder die SA.-Kolonne.“

Der Zug ging durch die Baustraße, die Stubenstraße, vorbei am „Braunen Haus“ in der Fischpfortenstraße, durch die Papenstraße zum Münsterkirchhof, durch Bäcker- und Osterstraße, über den Ostertorwall, durch die Bürenstraße, also am Standort der Synagoge vorbei, zur Kaiserstraße und über Bahnhof- und Deisterstraße zum Exerzierplatz. Weiter heißt es in der Dewezet:

> „Hübsch sieht sich in den engen Straßen unserer Altstadt so ein Fackelzug an. … Hier und da tut sich ein Flügel auf und jemand grüßt mit ‚Front Heil‘ oder dem Hitlerruf herab.“

Vorbild des Hamelner Fackelzugs: Der Fackelzug durch das Brandenburger Tor Berlin auf einer Postkarte

(Quelle: Privatbesitz)

In seiner Ansprache ließ NSDAP-Kreisleiter Erich Teich keine Zweifel daran, wie sich die Nationalsozialisten die Machtausübung vorstellten:

> „Noch ist das Dritte Reich nicht da. Aber wir haben jetzt den Schlüssel in der Hand, der uns die Pforte zum Dritten Reich aufschließt. …
> Jetzt sind wir oben und wir werden oben bleiben. Und wenn unsere Gegner ankündigen, daß sie argwöhnisch darüber wachen wollen, daß die Maßnahmen der Regierung Hitler sich im Rahmen des Legalen halten, so rufen wir ihnen zu: Was Hitler tut, das wird für uns legal dadurch, daß er es tut!“

Die Sozialdemokraten hielten ihrerseits am 5. Februar eine Versammlung auf dem Pferdemarkt ab, die laut Dewezet (6.2.1933) eine lebhafte Beteiligung aufwies. Karl Müller, Ratsmitglied, Gewerkschaftssekretär und Sozialdemokrat, bezeichnete Hitler in seiner Rede als Lügner.

Wie bedrohlich die Atmosphäre schon damals für die Arbeiterparteien war, zeigt eine Aussage des späteren NSDAP-Stadtrats und Bürgermeisters Busching.[4] Dieser brüstete sich damit, Müller habe nur deswegen überlebt habe, weil sich die Hamelner SA an dem Tage in Pyrmont aufgehalten habe.

Kreisleiter Erich Teich
(Quelle: Heimatbuch des Kreises)

Die Reichstagsbrand-Notverordnung

Am 27. Februar verübte der junge Holländer Marinus van der Lubbe einen Brandanschlag auf den Reichstag. Er wollte ein Fanal gegen Hitler setzen. Die NSDAP deutete das sofort als kommunistischen Aufstandsversuch. Am nächsten Tag erschienen die meisten Zeitungen, darunter die Dewezet, mit der Schlagzeile: „Kommunisten zünden den Reichstag an“. Das war eine Propagandalüge. Einen Tag später titelte die Dewezet: „Entscheidungskampf gegen den Kommunismus“.

Goebbels notierte in sein Tagebuch: „Alles strahlt“. Am Tag nach dem Anschlag unterschrieb Hindenburg die „Verordnung zum Schutz von Volk und Staat“. Mit ihr wurden wesentliche Grundrechte der Verfassung außer Kraft gesetzt und der Ausnahmezustand proklamiert. Der Weg für die Verfolgung der politischen Gegner durch Polizei und SA war frei. Die sog. Reichstagsbrand-Notverordnung bot die Grundlage für das Verbot der KPD, das sogleich erfolgte. Die Jagd auf die Kommunisten fand den Beifall weiter bürgerlicher Kräfte. Auch deswegen schlugen die Nationalsozialisten zuerst gegen die KPD zu.

4 Zitiert nach Rollfing, Machtübernahme, S. 2

Wahlkampf und Terror gegen links

Im Vorfeld der Reichstagswahlen am 5. März und der Kommunalwahlen am 12. März holte die Hamelner NSDAP zugkräftige Redner von außen.

Im Monopolsaal sprach am 28. Februar der oldenburgische NSDAP-Justizminister Spangemacher (Dewezet 1.3.1933). Spangemacher lieferte seinen Zuhörern einen Rundumschlag durch das NS-Gedankengut. Man dürfe keine „volksfremde Gesinnung“ dulden, Republik sei mit Korruption gleichzusetzen, Literatur und Kunst seien „zersetzt“. Das “Herrgottswunder“ des 30. Januar habe Hindenburg und Hitler zusammengeführt. Nun sei es vorbei mit dem ganzen „parlamentarisch-demokratischen Plunder“.

Kurz vor den Wahlen, am 2. März, redete der NSDAP-Reichstagsabgeordnete Berthold Karwahne aus Hannover in Hameln, eine Sprache im Zeichen der Gewalt:

Wahlwerbung der NSDAP zur Reichstagwahl mit der Ankündigung der Rede von Reichstagsmitglied Berthold Karwahne am 5. März in der Dewezet (Quelle: Archiv der Dewezet, Ausgabe vom 1.3.1933)

„Der Nationalsozialismus hat nicht nur die Vernichtung des kapitalistischen Liberalismus, sondern zugleich die Niederringung des völkermordenden Marxismus auf seine Fahne geschrieben. ... Der Nationalsozialismus will keinem der irregeleiteten deutschen Arbeiter ein Haar krümmen; aber die internationalen Verführer, die die Brandfackel in den Reichstag warfen, werden am Reichstagsportal aufgehängt werden.“ (Dewezet 3.3.1933)

Schon vor den Märzwahlen gelang es den Nationalsozialisten, durch Terror und Verhaftungen die Kommunisten weitgehend mundtot zu machen.

Der bürgerliche Hamelner Oberbürgermeister Otto Scharnow diente sich den Nationalsozialisten an und verbot eine für den 3. März angemeldete KPD-Versammlung.[5] Ein freier Wahlkampf war für die KPD nun nicht mehr möglich.

5 Landesarchiv Hannover, Hann. 80, Hann II, Nr. 751, Bl. 1176

Auch die SPD hatte Verfolgungen zu erdulden, war aber zunächst nicht verboten worden. So beschlagnahmte die Polizei am 22. Februar im Betriebsgebäude der „Niedersächsischen Volksstimme“ in der Heiliggeiststraße ein Flugblatt, auf dem eine Hitlerkarikatur abgedruckt war (Dewezet 23.2.1933). Am 2. März, drei Tage vor den Wahlen, verbot Oberbürgermeister Scharnow das Erscheinen der Volksstimme.[6]

Sonnabend, den 18. Februar 1933 — Niedersächsische Volksstimme — 15. Jahrgang – Nummer 42

Organ für die werktätige Bevölkerung der Kreise Hameln-Pyrmont, Rinteln, Springe u.ang...

Hameln

Wir wollen den Frieden der Menschheit im Innern und Aeußeren

Wels: Lieber tot – als Sklave!

Gegen Gewalt und Unterdrückung / Sozialistischer Aufbau tut not! / Zusammenbruch des Friedensdiktats

Um das Dach überm Kopf!

„Lieber tot – als Sklave!“ – Der Fraktionsvorsitzende der SPD Otto Wels
Eine der letzten Nummern der Hamelner Ausgabe der „Niedersächsischen Volksstimme“ vom 18. Februar 1933
Die drei schräg gestellten Pfeile sind das Symbol des Reichsbanners Schwarz-Rot-Gold.
(Quelle: Stadtarchiv Hameln)

Gegen die ständigen Übergriffe von Seiten der SA rief die SPD für den 25. Februar zu einer Demonstration auf.

> „Heute abend 8 Uhr demonstriert die Wählerschaft von Hameln gegen Straßenterror und Unterdrückung der freien Meinung für Gleichberechtigung und Menschenwürde. Arbeiter, Bürger, Beamte und Angestellte! Wir rufen Euch zum Protest!
> Sozialdemokratische Partei Deutschlands (Dewezet 25.2.1933).

Der Gewerkschaftler Hans Gerhardt berichtete über die damals vorherrschende Stimmung:

> „Die Nazis wurden immer stärker und frecher. Z.B. war es ein Wagnis, mit dem Abzeichen der Eisernen Front, das waren diese drei Pfeile, durch die Stadt zu gehen. Man mußte damit rechnen, daß ein paar Nazirowdies kamen und einem das Abzeichen abrissen.“[7]

Um angeblichen Terrorplänen der KPD zu begegnen, setzte der kommissarische preußische Innenminister Göring Anfang März 1933 eine vor allem aus SA gebildete „Hilfspolizei“ ein (Dewezet 2.3.1933). Diese Maßnahme kann in ihrer Be-

6 Landesarchiv Hannover, Hann. 80, Hann II, Nr. 751
7 Archiv zur Geschichte der Arbeiterbewegung in Hameln, Bd. 8, o.O., o.J., unpaginiert

Als „Hilfspolizei“ eingesetzte SA-Männer bei der Ausgabe von Handfeuerwaffen (Berlin Februar 1933)
(Quelle: Stiftung Topographie des Terrors, Berlin)

deutung gar nicht überschätzt werden. Die preußische Polizei, bisher ein Bollwerk gegen Terror von rechts wie links, wurde zu einem willigen Instrument der NSDAP. Jedem Schutzpolizisten wurde nun ein SA-Mann an die Seite gestellt, der mit einer Schusswaffe ausgestattet war.

Die Hilfspolizei ging sogleich mit Hausdurchsuchungen und Festnahmen gegen KPD-Mitglieder vor. Zehntausende Männer und Frauen wurden ohne Angabe von Gründen und ohne rechtlichen Schutz in „Schutzhaft“ genommen und in improvisierte KZs verschleppt und brutal misshandelt. Angeblich dienten die Festnahmen dazu, „Maßnahmen vorzubeugen, die etwa von der KPD angestiftet werden könnten“ (Dewezet 4.3.1933). Die frühen Verfolgungsmaßnahmen waren von besonderer Brutalität geprägt.

In Hameln war Polizeihauptmann Binder aus Hildesheim mit der Aufstellung und Führung der „Hilfspolizei“ beauftragt worden (Dewezet 4.3.1933). Am 4. März nahm diese ihren Dienst auf. Insgesamt wurden 130 „Hilfspolizisten“ in Hameln eingesetzt, eine sehr hohe Zahl, wenn man bedenkt, dass die reguläre Polizei 31 Kräfte hatte.[8]

Die Hamelner KPD war mit 108 Mitgliedern zahlenmäßig schwach und relativ unerfahren. Sie hatte zwar Vorbereitungen für den Übergang in die Illegalität getroffen, war aber doch von der Brutalität des Vorgehens gegen sie überrascht.

Erste Verhaftungen gab es schon am 28. Februar. Karl Hölscher, KPD-Mitglied und Stadtrat, berichtet:

> „Den Tag nach dem Reichstagsbrand bin ich als erster hier in Hameln verhaftet worden. Wir wurden ... zum Getreidespeicher (= der Wesermühlen) gebracht und dort von der SA zusammengeschlagen. ... Als wir im Rieselspeicher zusammengeschlagen wurden, da haben mehrere von den SA-Männern gerufen: ‚Schmeißt die Hunde doch in den

---

8 StA Hameln, Best. 1, Nr. 2489

> Hafen rein!‘ und erst als die Arbeiter, die dort auf der Mühle gearbeitet haben, an die Fenster klopften und gesagt haben, die sollten uns in Ruhe lassen, da hat man uns der Polizei wieder übergeben und abgeführt ins Gefängnis.“[9]

Die Hamelner SA nutzte zunächst den Getreidespeicher der Wesermühlen am Hafen zur Unterbringung der Verhafteten. Der Aufenthalt in den Händen der Hamelner SA bedeutete eine Gefahr für Leib und Leben.

Tage später schaffte sie die Männer ins Hamelner Gefängnis am Münsterwall (= heute Hotel Stadt Hameln), das rechtswidrig Hafträume zur Verfügung stellte. Dort mussten die Männer wenigstens nicht um ihr Leben fürchten, blieben aber im Ungewissen, wie lange ihre Festnahme dauern würde. Einzelne wurden nach drei Wochen entlassen, drei weitere für längere Zeit in ein Berliner Lager, andere – wie Karl Hölscher – im Mai 1933 in das nahe KZ Moringen verschleppt.[10]

Das Ergebnis der Reichstagswahlen und das Auftreten der „Nationalen Front“ vor dem Hochzeitshaus

Am 5. März 1933 erreichte die NSDAP in Hameln 9.084 Stimmen bzw. 46,2 Prozent, angesichts der Tatsache, dass SA und NSDAP unangefochten die Straße beherrschten, eigentlich enttäuschend. In Hameln reichte das zur absoluten Mehrheit. Auf Reichsebene, wo die NSDAP knapp 44 Prozent der Stimmen erreicht hatte, musste sie zunächst mit dem ungeliebten Regierungspartner, den Deutschnationalen Hugenbergs, weitermachen.

Die SPD war in Hameln lange die stärkste Partei gewesen. Unter den Bedingungen, unter denen diese Wahl stattfand, waren 23,5 Prozent bzw. 5.005 Stimmen ein achtbares Ergebnis. Das gilt auch für die KPD, die 3,0 Prozent erreichte.

Während die bürgerlichen Parteien wie die Deutsche Volkspartei und das katholische Zentrum regelrecht marginalisiert wurden (Zentrum 1,3, DVP 0,9 Prozent), schaffte es die rechtsbürgerliche Deutschnationale Volkspartei (DNVP) auf immerhin 5,9 Prozent.

So enttäuschend das Wahlergebnis für die NSDAP war, so laut schrie sie vom

---

9 Archiv zur Geschichte der Arbeiterbewegung in Hameln, Bd. 8, o.O., o.J., unpaginiert

10 Landesarchiv Hannover, Hann 180, Han II Nr. 751 und Brieden, S. 175-180

„Die nationale Front grüßt die Fahnen am Hochzeitshaus.“ Foto vom 8. März 1933
(Quelle: Stadtarchiv Hameln)

Sieg, feierte ihren „Triumph“ und besetzte die Straße. Unter starker Teilnahme der Bevölkerung marschierten SA, SS, HJ und der Wehrverband Stahlhelm[11] am 8. März vor dem Hochzeitshaus auf. Nach dem, was über die Sympathien der Polizei gegenüber NSDAP und SA aus den Jahren 1931 und 1932 bekannt ist, kann es nicht erstaunen, dass auch die Hamelner Polizei vor dem Hochzeitshaus vertreten war.

An dem Gebäude, das damals als Rathaus diente, hatten die Demonstranten eigenmächtig die Hakenkreuzfahne und die Schwarz-Weiß-Rote Fahne der DNVP[12] aufgezogen. Sie forderten die Übernahme der politischen Macht im Rathaus. Dort war mit Oberbürgermeister Dr. Scharnow ein Bürgerlicher im Amt.

Die Dewezet (9.3.1933) hatte ihren Bericht unter den Titel „Die nationale Front grüßt die Fahnen am Hochzeitshaus“ gestellt.

---

11 Ab Juli 1933 erfolgte die Eingliederung des Stahlhelm in die SA.

12 Die DNVP war am ersten Kabinett Hitlers beteiligt. Im Juni 1933 löste sich die Partei selbst auf. Ihre Abgeordneten schlossen sich der NSDAP-Fraktion an.

> „Gestern nachmittag fand die Hissung der Fahnen der nationalen Front auf den öffentlichen Gebäuden in Hameln statt. Pünktlich um 16 Uhr rückten SA.- und SS.-Abteilungen und eine Gruppe der Hitlerjugend unter Führung der SA.-Standarten-Kapelle vor dem Hochzeitshaus auf, wo die Polizei-Mannschaft Aufstellung genommen hatte und eine große Menschenmenge zusammengeströmt war.
>
> Mit klingendem Spiel marschierte der Stahlhelm an und schwenkte zwischen SS. und SA. in die Front. Das Kommando ‚Stillgestanden‘ ertönte, und bei den Klängen des Präsentiermarsches gingen an den Masten des Hochzeitshauses die Fahnen hoch, in der Mitte die Farben Schwarz-Weiß-Rot, rechts die Hitlerfahne, links die preußische (= schwarz-weiß).
>
> Nach Absingen des Horst-Wessel-Liedes nahmen Rektor Klußmann und Herr Eichborn von der NSDAP. das Wort zu kurzen Ansprachen.“

Der Zug bewegte sich anschließend vor das nahe Kreishaus am Pferdemarkt, wo NSDAP-Kreisleiter Erich Teich und Hauptmann Ewald vom Stahlhelm das Wort ergriffen. Anschließend wurde vor der Post in der Osterstraße Front gemacht. Nach einem Umzug durch die Stadt fand zum Abschluss auf dem alten Exerzierplatz an der Sedanstraße eine Parade statt.

Mit recht vagen Worten hatte die Dewezet die Fahnenhissung und auch die Teilnahme der Polizei angekündigt:

> „Der Akt geschieht zwar nicht auf Anordnung der Regierung, trägt aber insofern gewissen offiziellen Charakter, als, wie wir hören, auch die Polizei die Fahnen salutieren wird.“ (Dewezet 8.3.1933)

Tatsächlich war sie ein demonstrativer, rein symbolischer, ja illegaler Akt. Vor den Kommunalwahlen besaß die NSDAP in Hameln gar nicht die politische Mehrheit. Die Verwaltungsspitze des Rathauses – Oberbürgermeister Dr. Scharnow und der Zweite Bürgermeister Dr. Harm – war auf zwölf Jahre gewählt und nicht so leicht aus dem Amt zu entfernen. Auf Beschluss des Magistrats vom 10. März wurden die Fahnen am nächsten Tag von der Polizei entfernt.

„Aufmärsche“ wie dieser waren nicht spontan, sondern organisierte Inszenierungen, die gleichzeitig in vielen Städten stattfanden. Sie sollten einschüchtern und die Macht der Straße demonstrieren.

Das Ergebnis der Kommunalwahlen und die Intensivierung des Terrors gegen links

In der Woche nach der Reichstagswahl mobilisierten die Nationalsozialisten noch einmal alle Kräfte für die Kommunalwahlen am 12. März. Bei den Kreistagswahlen traten sie in einer „Einheitsliste" zusammen mit den Deutschnationalen und dem „Handwerk" an, in Hameln fühlten sie sich stark genug, sich allein der Wahl zu stellen.

Die Wahl brachte für die NSDAP 8.393 Stimmen, für die SPD 4.399, für die bürgerliche Einheitsliste 2.209 und für die KPD 553 Stimmen. Im Bürgervorsteher-Kollegium ergab das die folgende Mandatsverteilung: NSDAP 12 Sitze, SPD 6, (bürgerliche) Einheitsliste 3, also die absolute Mehrheit für die NSDAP.

Mit Gewalt einerseits und mit riesigen feierlich-pompösen Inszenierungen andererseits gelang es der NS-Führung in den Wochen des März und April 1933, die errungene Machtposition weiter auszubauen, um Staat und Gesellschaft grundlegend zu verändern.

Wenige Stunden nach Schließung der Wahllokale schlugen die Nationalsozialisten zu. Unter dem Titel „Haussuchungen in Hameln" berichtete die Dewezet (13.3.1933) ausführlich von „Aktionen der Hilfspolizei", die sich nun vor allem gegen sozialdemokratische und gewerkschaftliche Einrichtungen richteten.

Wie vage die „Verdachtsmomente" waren, auf denen die „Aktionen" beruhten, zeigen die Ausführungen der Dewezet:

> „Wie wir von zuständiger Seite hören, gab Anlaß zu dieser Aktion eine Reihe von Verdachtsmomenten, die in Kreisen der Nationalsozialistischen Partei seit längerem bestehen. Um diesen Momenten nachzugehen und festzustellen, wie weit tatsächlich der Verdacht auf Tatsachen beruht und gegebenenfalls zur Beruhigung der erregten Stimmung in der Stadt beizutragen, entschloß sich der von der Regierung mit der Führung der hiesigen Hilfspolizei beauftragte Polizeihauptmann Binder zur Durchführung der Untersuchungen."

Im Druckhaus der SPD-eigenen „Niedersächsischen Volksstimme“ in der Heiliggeiststraße wurden einzelne „Hiebwaffen, eine Patronentasche mit Patronen, die allerdings kein Pulver enthielten“, beschlagnahmt.

Das 1930 eingeweihte Gebäude der Allgemeinen Ortskrankenkasse am Wilhelmsplatz
(Quelle: Stadtarchiv Hameln)

Nach Mitternacht durchforschten Hilfspolizei und SA das Gebäude der SPD-nahen Allgemeinen Ortskrankenkasse am Wilhelmsplatz. „Senator Müller, Geschäftsführer Bauer, der Kassierer der SPD, Kallmeyer, und der Hausmeister Schneider wurden in Schutzhaft genommen.“

Weiter fand eine Durchsuchung des Gewerkschaftshauses in der Baustraße statt. Die erhofften Ergebnisse – Waffen zur Vorbereitung eines bewaffneten Aufstandes zu finden – hatten sie wiederum nicht.

Während die meisten Verhafteten nach einigen Tagen entlassen wurden, wurde Karl Müller, der den Nationalsozialisten besonders verhasst war, einen Monat lang in Schutzhaft gehalten und erst am 11. April mit der Auflage entlassen, Hameln sofort zu verlassen. Karl Müller war SPD-Mitglied, Vorsitzender der AOK, an führender Stellung in der Konsumgenossenschaft tätig, Ratsmitglied und früher Mitglied des Kreistages sowie des Provinziallandtages. Der um Hameln überaus verdiente Mann wurde gezwungen, Hameln zu verlassen und zog sich nach Lübeck zurück. Infolge der Misshandlungen, die er erlitten hatte, erkrankte er dauerhaft.
Weitere Durchsuchungen fanden im Hochzeitshaus statt, wo sich damals Teile der Stadtverwaltung befanden. Wieder war treibende Kraft die NSDAP.

> „Die Beamten durften bis zur Mittagsstunde das Gebäude nicht verlassen, und es war den Wachen verboten, irgendwelche Akten usw. aus dem Hause tragen zu lassen, es handelt sich in diesem Falle um Durchführung einer Kontrolle, der ebenfalls gewisse Verdachtsmomente zu Grunde liegen“ (Dewezet 13.3.1933).

Eine der Baracken im sog. Brössellager

(Quelle: Stadtarchiv Hameln)

Hinzu kamen nächtliche Anschläge auf jüdische und sozialdemokratische Geschäfte. Bei dem jüdischen Textilgeschäft Keiser in der Ritterstraße und der Verkaufsstelle des Konsum in der Bäckerstraße wurden Fensterscheiben eingeschlagen. Am folgenden Vormittag standen vor den jüdischen Geschäften in der Bäckerstraße erstmals SA-Leute mit Schildern „Kauft nicht bei Juden!“. Die Dewezet (13.3.1933) berichtete von zahlreichen Schaulustigen in Oster- und Bäckerstraße und besonders vor dem Hochzeitshaus. In der Stadt herrschte eine nervöse, angespannte, hysterische Stimmung.

Ein besonderes Ziel war das frühere „Heimkehrerlager“ am Brössel[13], das mit den Jahren eine Hochburg von SPD und KPD geworden war. Kripo und 38 „Hilfspolizisten“ suchten es am 18. März und noch einmal am 22./23. März heim. Außer zwei „alten Gewehren“ fanden sich allerdings auch hier die vermuteten Waffen samt Munition nicht (Dewezet 20.3.1933). Am 30. März wurde auch der Hafen nach Waffen durchsucht (Dewezet 30.3.1933).

13 Das „Heimkehrerlager“ am Brössel befand sich in den Baracken des großen Kriegsgefangenenlagers am Wehl. Die Baracken hatten ursprünglich zur Unterbringung von Kriegsgefangenen, seit September 1920 von Internierten der Roten Armee (vgl. Rollfing, Politische und soziale Verhältnisse 1919-1933, S. 12f), anschließend von „Heimkehrern“ bzw. Flüchtlingen gedient, die aus den an Polen gefallenen Gebieten wie Westpreußen und Oberschlesien stammten. 1933 wohnten dort überwiegend „sozial schwache“ Familien.

Wie die Nationalsozialisten ihre gerade erworbene Macht für persönliche Abrechnungen nutzten, zeigt der folgende Fall. Ein Reichsbannermann, der einen Nationalsozialisten vor 1933 krankenhausreif geschlagen hatte und dafür vor Gericht verurteilt worden war, wurde in der Nacht vom 14. zum 15. März 1933 aus seiner Wohnung geholt und auf der Straße zusammen geschlagen. Die Dewezet (17.3.1933) beklagte sich über diesen Fall von „Selbstjustiz“.

Währenddessen ging die Jagd auf die wenigen Kommunisten unvermindert weiter. Am 29. März wurden Eduard Sponholz, Theodor Warni, Felix Tuschke und August Wehner in „Schutzhaft“ genommen. Zusammen mit weiteren sieben Hamelner KPD-Männern schaffte die Polizei Wehner und Sponholz anschließend in das nahe KZ Moringen.

Am 7. April meldete der Landrat an den Regierungspräsidenten, es befänden sich aus dem Kreis Hameln-Pyrmont 57 Personen in „Schutzhaft“, vier im Gefängnis des Amtsgerichts sowie 53 in der Strafanstalt am Mühlenwall. Der Hamelner Oberbürgermeister Dr. Scharnow ergänzte diese Meldung Mitte Juli: Nunmehr befänden sich neun Häftlinge aus Hameln in Moringen und einer im KZ Sonnenberg. Die Spur von Eduard Sponholz lässt sich von Moringen über Oranienburg bis ins KZ Lichtenburg in Sachsen verfolgen. Auch in den berüchtigten Moorlagern des Emslandes saßen Hamelner Kommunisten ein.[14]

Der „Tag von Potsdam“ – Die Feier in Hameln

Die Eröffnung des neu gewählten Reichstags am 21. März inszenierte der gerade ins Amt gekommene Reichspropagandaminister Goebbels in Gestalt einer riesigen Feier in der Garnisonkirche in Potsdam. Sie sollte der Vereinigung des nationalkonservativ bürgerlichen Lagers, vertreten durch den Reichspräsidenten Hindenburg, mit der Partei des Reichskanzlers Hitler bildhaften Ausdruck verleihen und nationale Gemeinschaftsgefühle wecken.

Das Foto von der ehrerbietigen Verbeugung des in einen Frack gekleideten „Führers“ vor dem greisen Reichspräsidenten Hindenburg wurde zur Ikone dieses Schauspiels. Für das Bürgertum war die Feier der Beweis, dass ein Hitler unter einem Reichspräsidenten Hindenburg nichts Schlimmes anrichten könne.

Der Tag von Potsdam wurde „reichsweit“ und also auch in Hameln groß be-

14 Detailliert dazu Brieden, S. 172-194

Feldgottesdienst am „Tag von Potsdam“ auf dem für die Bevölkerung geöffneten Kasernenhof der Hamelner Garnison

(Quelle: Stadtarchiv Hameln)

gangen. Die Behörden hielten ihre Büros geschlossen. In den Schulen fanden Feierstunden statt, im Oberlyzeum sprach Studiendirektor Spanuth, im Gymnasium Direktor Dr. Boeckmann. Im Gefängnis hörten die Häftlinge in der geschmückten Anstaltskirche der Rundfunkübertragung zu.

> „Die Übertragung war ausgezeichnet. Die Stimmen des Reichspräsidenten und des Reichskanzlers erklangen so klar, daß niemandem in dem weiten Raum auch nur ein Wort verloren ging. Ebenso vortrefflich war die Übertragung der Musik. Obwohl den Gefangenen die Teilnahme völlig freigestellt war, hielten sich ihrer nur wenige von der Feierstunde fern“ (Dewezet 22.3.1933).

Die Einwohner waren aufgefordert worden, die „nationalen Fahnen“ aufzuhängen, also neben der Hakenkreuz- auch die schwarz-weiß-rote Flagge (Dewezet 20.3.1933).

Am 21. März, es war Frühlingsanfang, trat die Hamelner Garnison um 11.40 Uhr auf dem Hof der Scharnhorstkaserne zum Feldgottesdienst an. Der Zugang war für das Hamelner Publikum freigegeben. Der Standortälteste Major Koch nahm den Vorbeimarsch der Truppen ab und beschwor in seiner Ansprache das „neue Deutschland“:

> „Möge der Geist von Potsdam Symbol und Richtung für das neue Deutschland sein. Die Trennmauern zwischen Staat und Ständen sind gefallen. Das nationale Deutschland hat sich erhoben. Deutschland ist erwacht.“

Punkt 12.45 Uhr erklang in Hameln wie in sämtlichen Garnisonen der Reichswehr das Deutschlandlied.

Senior Hans Kittel, Hauptpastor in Hameln, begrüßte das „Dritte Reich“ mit den Worten:

> „Heute wird für viele geerntet, um was die Söhne und Väter unseres Volkes gerungen und geblutet, wofür sie ihr Leben hingegeben haben. Was ihnen im Leben und Sterben vor Augen stand als heiliges Kampftum und herrlicher Siegpreis, ist nichts anderes gewesen als ein neues Deutschland, ein neues Reich voll Einigkeit und Recht und Freiheit“ (Dewezet vom 22. März 1933).

Das lutherische Landeskirchenamt in Hannover hatte gegen dieses politische Bekenntnis eines Geistlichen nichts einzuwenden. Eine nationale, wenn nicht nationalsozialistische Gesinnung war unter Protestanten weit verbreitet.

Am Nachmittag folgte ein Platzkonzert der Stadtkapelle am Münsterkirchhof. Am Abend bewegte sich ein riesiger Fackelzug von SA und Stahlhelm durch die Stadt, an dem sich die Kriegervereine, die „Deutschen“ Turner, sämtliche Gesangsvereine, die freiwillige Feuerwehr und Schülerabordnungen der Hamelner Schulen beteiligten. Den Abschluss bildete ein Militärkonzert der Stadtkapelle im Monopolsaal.

Auch in zahlreichen Dörfern, u.a. in Afferde, Brünnighausen, Klein Berkel, Hämelschenburg, Esperde, Coppenbrügge, fanden Feiern statt.

Am selben Tag – und ganz im Schatten der Berichterstattung über den Tag von Potsdam – verkündete die Regierung die Verordnung zur „Abwehr heimtückischer Angriffe gegen die Regierung der nationalen Erhebung“. Mit dem beliebig dehnbaren „Heimtücke“-Paragraphen konnte jede Kritik an der Regierung mit Gefängnis bestraft werden, war die Tür zum „Gesinnungsterror“ und zur Denunziation weit geöffnet.

Zwei Tage später verabschiedete der Reichstag mit den Stimmen der Regierungskoalition aus NSDAP und DNVP sowie von Zentrum, Bayerischer Volkspartei (BVP) und Deutscher Staatspartei das „Ermächtigungsgesetz“. Für die SPD-Fraktion begründete Otto Wels die strikte Ablehnung der Gesetzesvorlage. Das „Ermächtigungsgesetz“ verlieh der Regierung das Recht, eigenmächtig, d.h. ohne Beteiligung des Parlaments, Gesetze zu erlassen. Damit wurde Prinzip der Gewaltenteilung durchbrochen und die rechtliche Grundlage der NS-Diktatur geschaffen.

Der 1. April – Der Terror gegen die Juden

Der Terror der Nationalsozialisten hatte sich zuerst gegen die Arbeiterbewegung gerichtet. Unmittelbar nach den Reichstagswahlen vom 5. März folgten offene Ausschreitungen gegen die Juden.

Am 6. März steckten Nationalsozialisten vor dem Portal der Synagoge in der Bürenstraße zwei Benzinkannen in Brand. Ein Ausbreiten des Feuers konnte die Feuerwehr verhindern. In der Nacht des 12. März schlugen Unbekannte die Schaufensterscheiben des Textilgeschäftes Keiser in der Ritterstraße (heute Kolle) ein.

Geschahen diese Vorfälle noch im Schutze der Dunkelheit, so fanden die folgenden Ausschreitungen am helllichten Tage statt. Zum ersten Mal standen in Hameln am 13. März SA-Männer mit Schildern vor jüdischen Geschäften:

> „Kauft nicht bei Juden!"
> „Die Juden sind unser Unglück."
> „Wer beim Juden kauft, schädigt das Deutsche Reich."
> „Ich bin Jude. Deutsche kauft bei Deutschen."

Ein Gipfel an Brutalität war am 16. März erreicht, als SA-Leute mit einem Galgen, den sie auf einen Handwagen montiert hatten, vor ein jüdisches Kaufhaus zogen. Wahrscheinlich hat es sich dabei um das Kaufhaus Friedheim (heute H&M) in der Bäckerstraße gehandelt.

> „Dort luden sie das Gerüst ab, stellten es auf und hielten den Vorübergehenden Plakate hin, auf denen eine Aufforderung zu lesen war des Inhalts: Kauft deutsche Waren!" (Dewezet 17.3.).

In der folgenden Nacht wurden erneut Fensterscheiben eingeschlagen; diesmal auch bei verschiedenen Privathäusern. Am 30. März zertrümmerten Unbekannte eine der großen Schaufensterscheiben des Kaufhauses Friedheim in der Bäckerstraße.

Um dem von der sowohl antikapitalistisch wie antisemitisch eingestellten SA ausgeübten Druck nachzugeben und ihn gleichzeitig unter Kontrolle zu bringen, organisierte die NSDAP einen „reichsweiten" Boykotttag. Der soeben zum „Reichsminister für Volksaufklärung und Propaganda" ernannte Joseph Goebbels organisierte ihn innerhalb von vier Tagen. Auf Goebbels gehen die Zeitungsberichte zurück, welche die Bevölkerung auf die „Aktion" vorbereiten sollten. Sie erschienen in ähnlicher Form und derselben Sprache („Aktion", „schlagartig" u.a.m.) in allen Zeitungen des Deutschen Reiches.

Am 29. März 1933 druckte die Dewezet den folgendermaßen überschriebenen Artikel:

> „Die Abwehraktion der NSDAP. / Aufruf zur Bekämpfung der Greuelhetze. / Aktionskomitees sollen Massenversammlungen einberufen."

Im Bericht selbst heißt es:

> „Der Boykott setzt schlagartig Sonnabend, den 1. April, Punkt 10 Uhr vormittags, ein. Er wird fortgesetzt solange, bis nicht eine Anordnung der Parteileitung die Aufhebung befiehlt."

Zwei Tage später erschien unter dem Titel „Jeder einzelne kann helfen" ein weiterer Artikel:

> „Die Greuelpropaganda, die … im Auslande inszeniert wird, richtet sich gegen das ganze Deutschland, gegen deutsche Waren und deutsche Arbeit" (Dewezet 31.3.1933).

Bei der gegen die Juden gerichteten Kampagne handele es sich also um eine „Abwehrmaßnahme".

In Hameln wurde der Tag publizistisch mit einer ganzseitigen Anzeige in der Dewezet eingeleitet. Aufgegeben hatte sie das „Aktionskomitee zur Abwehr der jüdischen Hetze im Auslande". Unterzeichnet war sie u.a. von Wilhelm Melcher. Melcher, Leiter der Hamelner Nationalsozialistischen Betriebszellenorganisation (NSBO), der späteren „Deutschen Arbeitsfront", brüstete sich damit, die „Aktion" geleitet zu haben.

Der Boykottaufruf nannte 29 Namen von Geschäften, Ärzten und Rechtsanwälten und gab auch deren genaue Adresse an.

Deister- u. Weserzeitung / Zweites Blatt

Nr. 78 Hameln, Sonnabend, den 1. April 1933 86. Jahrg.

Aufruf

an die deutschen Schwestern u. Brüder in Hameln-Stadt u.-Kreis!

Nach der gewaltigen Erhebung des deutschen Volkes am 5. und 12. März, nach der Uebernahme der Regierungsgewalt durch nationale Männer in Deutschland, nach dem gewaltigen Siege der nationalsozialistischen Freiheitsbewegung mit ihrem Führer Adolf Hitler, dem Führer des Volkes, der durch seinen Charakter und den genialen Geist das Gewaltigste erreichte und noch erreichen wird, Kanzler des deutschen Volkes wurde, ging eine Gärung durch den restlichen Teil der Bevölkerung und auch eines bestimmten Teiles der übrigen Völker der Erde. Es scheiden sich

die Charaktere von den Charakterlosen
die geistig Gesunden von den geistig Angefressenen
die rassischen Teile des deutschen Volkes von den Degenerierten
die gerecht Denkenden von den Verstockten und Ungerechten
die ehrlich Arbeitenden und ehrlich Wollenden von den Schiebern, Wucherern, Betrügern und Gesinnungslumpen
die Deutschen von den Juden.

All Juda lehnt sich auf gegen das neue Deutschland, gegen das Deutschland, das im Begriff ist, sich von Lug und Trug, Elend und Not, Schande und Erniedrigung, Entrechtung und Entehrung zu befreien.

Die Maßnahmen der deutschen Regierung richten sich gegen den Vernichtungsbazillus, der in das deutsche Volk gesetzt wurde, es verseuchte auf allen Gebieten,

das deutsche Recht verdrehte und entdeutschte,
die deutsche Wissenschaft vergiftete,
die deutsche Kunst entsittete,
die Landwirtschaft durch Wucher und Zinsknechtschaft vernichtete,
dem Handel sein deutsches Prinzip, Treue und Glauben stahl,
dem Handwerker seinen goldenen Boden raubte,
dem Arbeiter sein Brot nahm, ihn arbeitslos machte, ihn zum Brudermord und Bruderhaß aufhetzte, ihn in den Klassenkampf, zum Klassenhaß trieb und ihn heute noch in den Judenknechtsparteien, Kommunismus und Marxismus, aufpeitscht zu Mord und Totschlag, zu Brandstiftungen und Vergiftungen.

Er ist der Gründer der Lügen und Freimaurereien. Auf der einen Seite den Arbeiter in den offenen Kampf treibend, auf der anderen Seite die geistig höher stehenden Persönlichkeiten für ihre Zwecke als schleichendes Gift freimaurische Logen gründete. Das ist der ewige Jude, der die ganze Welt sein eigen nennt, trotzdem er in Bezug auf die Einwohnerzahl nur ein Bruchteil ausmacht. Durch die Greueltaten und Boykotthetze in der ganzen Welt der jüdischen Rasse gegen das deutsche Volk reißt sich diese Rasse die Maske selbst ab. Die jüdische Rasse glaubt, sie könne die Maßnahmen der deutschen Regierung, die sie zum Wohle des deutschen Volkes ergreifen mußte, zu Fall bringen. Deutsche Waren werden in allen Ländern durch die Juden boykottiert. Unsere Volksgenossen im Auslande werden belästigt und mißhandelt.

Auf Anordnung der Reichsleitung der NSDAP. mit Unterstützung der Reichsregierung ist im ganzen deutschen Reiche, auch in der Stadt Hameln und im Kreise Hameln-Pyrmont, ein Aktionskomitee zur Durchführung des Boykotts jüdischer Geschäfte, jüdischen Waren, jüdischer Aerzte und gegen jüdische Rechtsanwälte eingesetzt. Laßt die Juden nur schreien, hetzen und boykottieren, sie haben lange genug geschachert, mögen sie jetzt einmal eine Schmälerung ihres Profits hinnehmen.

Juda hat Deutschland den Krieg erklärt, es liegt an ihm, wieder Frieden zu schließen. Die Bedingungen aber diktieren wir.

Jüdische Geschäfte, Aerzte und Rechtsanwälte:

Dr. Herzberg,	Deisterstr. 8	Kammerlichtspiele,	Osterstr.
Dr. Kratzenstein,	Kastanienwall 3	Binheim,	Deisterstr. 12
Gebr. Friedmann,	Bäckerstr. 19	Katzenstein,	Deisterstr. 10
Blankenberg,	Bäckerstr. 47	L. Goldstein,	Ostertorwall
L. Hammerschlag,	Bäckerstr.	Max Goldstein,	Krondorf
A. Löwenstein,	Osterstr.	Jonas,	Baustr.
Bernstein,	Münsterkirchhof	Katz,	Pferdemarkt
Markus,	Osterstr.	Maybaum,	Kaiserstr. 78
Oppenheimer,	Bäckerstr.	Weinberg,	Alte Marktstr.
Keyser,	Bäcker- u. Ritterstr.	Kamenetzky,	Bahnhofstr.
Friedheim,	Bäckerstr.	Geschw. Bloch,	Osterstr.
Rosenbaum,	Bäckerstr.	Adler,	Deisterstr.
Zann, Schuhgeschäft	Bäckerstr.	Michaelis,	Osterstr.
Preiß,	Bäckerstr.	Bertold Leopold,	Deisterstr.
Löwenstein, Frau	Emmernstr.		

Bei der Durchführung des Boykotts fordert die eingesetzte Kommission alle Parteigenossen und deutschen Volksgenossen auf, den Boykott auf der ganzen Linie durchzuführen. Ein Deutscher, der trotzdem noch beim Juden kauft, mit Juden Handelsgeschäfte abschließt, sei es Vieh, Getreide, Kunstdünger oder sonst etwas, wer zum jüdischen Arzt oder zum jüdischen Rechtsanwalt geht, um sie zur Hilfeleistung oder für Vertretung in Anspruch zu nehmen, begeht

Volksverrat

und hat die Folgen zu tragen. Die Bestimmungen der Kommission sind streng einzuhalten. Das Zertrümmern von Fensterscheiben, Einrichtungen ist streng verboten. Anpöbelungen und Mißhandlungen sind streng unzulässig.

Der Boykott gegen die jüdischen Geschäfte, die an besonderen [illegible] kenntlich gemacht werden, beginnt am 1. April 1933, 10 Uhr vormittags.

Alle für einen und einer für alle für das deutsche Volk und Vaterland in [illegible]

Aktionskomitee zur Abwehr der jüdischen Hetze im Auslande.

Schatz. Melcher.

Der ganzseitige „Aufruf an die deutschen Schwestern u. Brüder …" zum Boykott der jüdischen Geschäfte, Ärzte und Rechtsanwälte in der Dewezet vom 1. April 1933
(Quelle: Archiv der Dewezet)

Über den Verlauf des Boykotts berichtete die Dewezet im redaktionellen Teil, ohne sich vom Geschehen zu distanzieren:

> „Die Boykottierung setzte auch hier planmäßig um 10 Uhr vormittags ein. In die Schaufenster der jüdischen Geschäfte wurden schwarze Schilder mit gelbem Kreis und teilweise auch Plakate mit der Aufschrift: ‚Ich bin Jude. Deutsche, kauft nur bei Deutschen!' gelegt.
> Eine zahlreiche Menschenmenge auf der Straße verfolgte die Vorgänge mit Interesse. Zu Zwischenfällen irgendwelcher Art ist es nicht gekommen“ (Dewezet 1.4.).

Der Geschäftsboykott vor dem neu eröffneten Schuhgeschäft Keiser, Am Markt 1 (heute Reisebüro Strickroth). Im Eingang ist ein SA-Mann mit dem Schild zu sehen: „Wer beim Juden kauft, schädigt das deutsche Volk.“
(Quelle: Sammlung Gelderblom)

In der folgenden Nacht splitterte wieder Glas. Im Kaufhaus Bernstein am Münsterkirchhof, bei Keiser in der Ritterstraße und beim Rechtsanwalt Katzenstein an der Deisterallee wurden Scheiben eingeschlagen. Im Textilgeschäft Keiser wurde sogar geplündert. Neben Kleidungsstücken wurde dort „ein Gedenkblatt entwendet, das dem Geschäftsinhaber beim Tode seines gefallenen Sohnes ausgestellt wurde“ (Dewezet 3.4.1933). Salomon Keiser hatte damit unter Beweis stellen wollen, dass er auch als Jude ein national denkender Mann sein könne.

Damals musste sich die Hamelner NSDAP wegen der Plünderungen vor der Öffentlichkeit noch rechtfertigen. In einer in der Dewezet (4.4.1933) veröffentlichten Erklärung beteuerte die SA-Führung:

> „Diese betreffenden SA.-Männer waren erst ganz kurze Zeit in der SA.“

Die „unverantwortlichen Elemente“ seien sofort entfernt worden. Nach dem Wortlaut der Erklärung kann es sich um ehemalige „Marxisten“ gehandelt haben, die sich in die Reihen der SA „eingeschlichen“ hätten.

Auch Einzelpersonen wurden bedroht. Dr. Ernst Katzenstein, der sich 1924 als junger Rechtsanwalt in der Deisterallee niedergelassen hatte, berichtete über die gegen ihn gerichteten Tätlichkeiten:

> „Ich selbst wurde bereits vor dem 30. Januar 1933 von nationalsozialistischer Seite bedroht, belästigt und beleidigt; am späten Abend und in der Nacht kamen oft anonyme Telefonanrufe mit Drohungen und Beschimpfungen wie ‚Judenschwein'.
>
> Einige Tage vor dem Boykott des 1. April 1933 empfahl mir ein Richter des Amtsgerichts Hameln, dass ich über den 1. April besser für einige Tage aus Hameln verschwinden würde. Ich habe den Rat befolgt, und tatsächlich kamen am 1. April auch SA-Leute an meine Hamelner Wohnung, um mir entweder meinen Reisepass abzunehmen oder mich zu verhaften.
>
> Am 1. April selbst wurden SA-Männer vor mein Büro gestellt, um Klienten den Zutritt zu versperren oder zu erschweren. In der Nacht davor waren sämtliche Fenster meines nach der Straße gelegenen Büros eingeschlagen."[15]

Noch im Jahre 1933 wanderte Ernst Katzenstein nach Palästina aus.

Nach drei Tagen wurde der Boykott offiziell für beendet erklärt.

> „Die Reichsregierung hat mit Befriedigung davon Kenntnis genommen, daß der Boykott, wie er am Sonnabend durchgeführt wurde, seine Wirkung nicht verfehlt hat. ... Wenn der Boykott nun nicht wieder aufgenommen wird, so läßt die Regierung aber erklären, dass die Boykott-Organisation der NSDAP. intakt ist und sofort wieder in Kraft treten kann und wird, wenn etwa der Versuch gemacht werden sollte, die Hetzbewegung gegen Deutschland wieder aufzunehmen" (Dewezet am 4.4.1933).

---

15 Zitiert nach Gelderblom, Die Juden von Hameln, S. 101

Offenkundig betrachtete die NS-Führung den „Judenboykott“ nicht als Erfolg. In den westlichen Demokratien löste er große Empörung aus und erwies sich als nachteilig für das Ansehen Deutschlands in der Welt.
Die Übergriffe der SA sowohl gegen Juden wie gegen Kommunisten in den Monaten März und April 1933 hatten in Hameln den Charakter eines Pogroms, waren verglichen mit anderen Städten besonders wild und brutal. Anders als die „Aktionen“ gegen links war das Vorgehen gegen die Juden in der deutschen Bevölkerung zunächst weniger populär. Sowohl von der städtischen Verwaltung wie von der Polizei wurde es tatenlos hingenommen.

Die Boykottmaßnahmen gegen die jüdischen Geschäfte[16] wurden in schwächerer Form in den nächsten Jahren Alltag. Wegen der in Hameln besonders ernsten Lage wandte sich der „Centralverein der deutschen Staatsbürger jüdischen Glaubens“ im Auftrag der Hamelner jüdischen Kaufleute am 26. Juli 1935 an den Regierungspräsidenten in Hannover und listete eine ganze Reihe antisemitischer Vorfälle auf.

Danach hatten bis in die letzte Zeit in Hameln vor den jüdischen Geschäften Posten gestanden, welche die Käufer vom Einkaufen abzuhalten versuchten. Bürger wurden von Hitlerjungen beim Betreten jüdischer Geschäfte fotografiert und die Fotos mit Namen veröffentlicht.

Im Zentrum der Stadt – gegenüber dem Hochzeitshaus am Haus Osterstraße 52 – hing ein sogenannter „Stürmerkasten“. Darin wurde zur Denunziation aufgerufen:

> „An dieser Stelle werden Juden, Judenknechte und Judendirnen veröffentlicht.“

Im Kasten waren die Namen von Personen angeschlagen, die in jüdischen Geschäften gekauft hatten.

Die Stadtverwaltung beteiligte sich selbst an der Judenhetze. Im August 1935 gab der Hamelner Oberbürgermeister bekannt:

> „Die Stadtverwaltung vergibt Arbeiten und Lieferungsaufträge nicht an Volksgenossen, die selbst oder durch ihre Familienmitglieder bei Juden

16 Zum Folgenden vergleiche detaillierter Gelderblom, Die Juden von Hameln, S. 102-105

> kaufen, mit Juden Verkehr pflegen, jüdische Rechtsanwälte und Ärzte in Anspruch nehmen oder ihre Grundstücke an Juden verpachten."

Im Stadtbild Hamelns fanden sich Schilder und Transparente mit den Aufschriften:

> „Die Juden sind unser Unglück."
> „Wer beim Juden kauft, ist ein Volksverräter."
> „Wer vom Juden frißt, stirbt daran."

Transparent am Hochzeitshaus: „Umgang mit Juden, Ausschluß aus der Volksgemeinschaft."
(Quelle: United States Holocaust Memorial Museum, Washington)

> „Der Bauer ist kein Judenknecht, beim deutschen Kaufmann kauft er recht."
> „Wir wollen in unserer Stadt keine Juden sehen."

Am Hochzeitshaus der Stadt Hameln hing ein Transparent:

> „Umgang mit Juden, Ausschluß aus der Volksgemeinschaft."

Auf dem Pferdemarkt, auf dem der Wochenmarkt stattfand, standen zwei Holzschilder:

Anzeige zur Eröffnung des Konfektions- und Manufakturwarengeschäfts Holtmann im ehemaligen Kaufhaus Friedheim

(Quelle: Archiv der Dewezet, Ausgabe vom 22.8.1934)

> „Juden haben hier nichts zu schnüffeln."

In Folge der Geschäftsboykotte kam es 1933, noch mehr aber 1934, zu zahlreichen Geschäftsaufgaben, Firmenverkäufen, Vergleichsverfahren und auch Konkursen. Neueröffnungen „arisierter" Geschäfte wurden der Hamelner Kundschaft groß annonciert.

> „Schuh-Müller hat das bisherige, bei der Kundschaft beliebte langjährige Personal des Schuhhauses Keiser voll übernommen. Sie werden daher im **deutschen**[17] Schuhhaus Schuh-Müller, dessen alleiniger Besitzer der langjährige Fachmann Paul Müller ist, aufs beste bedient" (Dewezet 14.4.1934).

17 Hervorhebung im Original

Von den 29 im Boykottaufruf vom 1. April 1933 genannten Geschäften, Rechtsanwälten und Ärzten hatten bis Ende 1935 über 20 aufgegeben. Der Oberbürgermeister schrieb am 22. November 1935 dem Regierungspräsidenten:

> „Bei einigen hier noch in jüdischen Händen befindlichen Geschäften schweben noch Verhandlungen zwecks Übernahme durch arische Kaufleute. In absehbarer Zeit wird in Hameln kein Geschäft von Juden mehr betrieben werden."

Am Aggressivsten ging die in Nürnberg erscheinende brutal antisemitische Zeitschrift „Der Stürmer" gegen die Juden vor. Zusätzlich zum Aushang am Haus Osterstraße 52 befanden sich zwei Kästen unmittelbar neben der Synagoge. Die im angrenzenden Wohnhaus Bürenstraße 6 untergebrachte „Kreiswaltung" der Deutschen Arbeitsfront (DAF) hatte für ihre Aufstellung gesorgt.

Hamelner Bürger vor dem Stürmerkasten in der Bürenstraße, in der Mitte der Hamelner Leiter der Deutschen Arbeitsfront (DAF) Wilhelm Melcher. Im Hintergrund ist ein Mauerpfeiler der Synagoge zu sehen.
Die Aufschrift auf dem Kasten lautet: „Deutscher: Lies den Stürmer! – Verschaffe dir Klarheit über die Judenfrage! – Die Rassenfrage ist der Schlüssel zur Wahrheit."

(Quelle: Privatbesitz)

Auch Wirte plakatierten ihren Antisemitismus. August Rode brachte an seiner Kaffeestube in der Deisterallee das Schild an: „Juden nicht erwünscht"; der Wirt von Wallbergs Bierstuben an der Ecke Bürenstraße-Hafenstraße verkündete per Aushang: "Juden haben keinen Zutritt". Niemand zwang einen Wirt dazu, ein derartiges Schild anzubringen. Diese „gewöhnliche" Form des Antisemitismus wirkte sich schlimmer aus als der obszöne und brutale Antisemitismus der SA und des „Stürmer", den manche Bürger als geschmacklos abtaten.

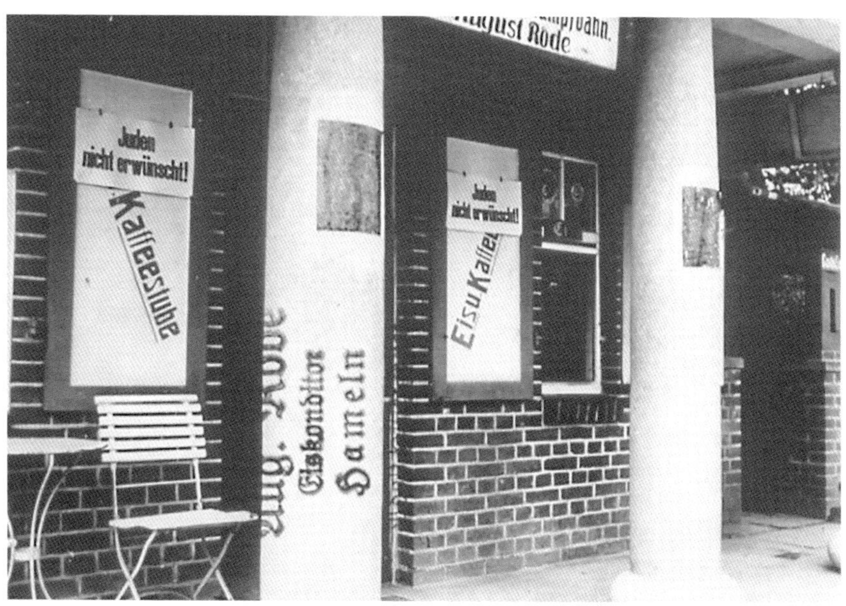

Die Kaffeestube von August Rode (heute Pavillons von RadioAktiv) an der Hindenburg-Kampfbahn (heute Bürgergarten) mit dem Schild „Juden nicht erwünscht"
(Quelle: „Stürmer"-Archiv, Nürnberg)

Gegenkräfte gab es in Hameln zu dieser Zeit nicht mehr. Die Arbeiterbewegung, bei der die Boykotte gegen die Geschäfte der Juden auf Ablehnung gestoßen wären, war zerschlagen. Ein nennenswertes katholisches Milieu, das sich gegenüber dem Nationalsozialismus resistenter zeigte, fehlte der Stadt.

Hinter geschlossenen Türen mögen sich die mehrheitlich protestantischen Bürger Hamelns wegen dieses Zivilisationsbruchs geschämt haben; andere werden offen ihrer Schadenfreude Ausdruck gegeben haben. Öffentlichen Protest gab es jedenfalls keinen, bezeichnenderweise auch nicht von Seiten der Kirchen, die als einzige ihre Selbstständigkeit bewahrt hatten, aber selbst von einem religiösen Hass auf die Juden nicht frei waren.

Juden lebten seit der Stadtgründung in Hameln. Seit den mörderischen Pogromen zur Zeit der Pest im 14. Jahrhundert hatte es derartige Ausschreitungen in Hameln nicht gegeben. Die Hamelner Juden waren geachtete Bürger und als Geschäftsleute aus der Stadt nicht wegzudenken. Was an Zugehörigkeit zu „deutscher Kultur" über Jahrhunderte aufgebaut worden war, wurde buchstäblich an wenigen Tagen hinweggefegt. Für die jüdischen Menschen war es die verstörende, ja zerstörende Erfahrung eines tiefen Risses in der eigenen Biographie, ein Zusammenbruch des Gefühls von Sicherheit in der selbstverständlichen Annahme, einer zivilisierten Gesellschaft anzugehören. Viele Hamelner Juden stellten sich nun innerlich darauf ein, Deutschland zu verlassen.

In der Rückschau ist klar, dass der staatlich forcierte Antisemitismus, der im Frühjahr 1933 vor aller Augen und mit Billigung vieler auch in Hameln in Gang gesetzt wurde, eine Dynamik auslöste, in der am Ende auch eine „Endlösung“ vorstellbar wurde.

Straßenumbenennungen und mehr – Nationalsozialistische Symbolpolitik

Im April/Mai 1933 überschlugen sich die Ereignisse. Die Nationalsozialisten legten ein unglaubliches Tempo vor. Es ging Schlag auf Schlag, Zeit zum Luftholen, zum Nachdenken gab es nicht. Wenn es noch jemanden gab, der Hitler skeptisch gegenüberstand, er wurde überrumpelt.

- Am 20. April 1933, anlässlich von Hitlers Geburtstag, verlieh die Stadt Hameln dem Reichskanzler zusammen mit Paul von Hindenburg die Ehrenbürgerwürde der Stadt.
- Am 7. Mai 1933 pflanzte die „Hitlerjugend“ am Münsterkirchhof eine „Hitler-Eiche“.
- Am 10. Mai wurden die ersten Straßen umbenannt
  - die Deisterstraße zwischen Garnisonkirche und Monopolhotel hieß nun Adolf-Hitler-Allee
  - das Gelände vor dem Stadtkrankenhaus bekam den Namen Schlageter-Platz
  - der Platz zwischen dem Münster St. Bonifatius und der Weserbrücke wurde auf Horst Wessel getauft.
- Zum Ende jeder Ratssitzung wurde stehend das Horst-Wessel-Lied gesungen. Die Sitzungen gestalteten sich damit zu einer Feier der lokalen Machtübernahme.

Hitler war gerade zwei Monate im Amt! Und schon richtete sich das „Dritte Reich“ auf Ewigkeit ein. Dass das reine Symbolpolitik, Aktionismus, war, störte niemanden. All diese „Aktionen“ geschahen „reichsweit“, waren von Berlin aus ferngesteuert.

Ehrenbürgerbrief

der Stadt Hameln

Die Stadt Hameln
hat am 20. April 1933, dem

Herrn Reichskanzler

ADOLF HITLER

dem Schöpfer des dritten Reiches, dem Führer des
im Nationalsozialismus geeinten deutschen Volkes
in Dankbarkeit für seinen unermüdlichen
Kampf und als besonderen Ausdruck der nationalsozialistischen Gesinnung ihrer Bürgerschaft das

Ehrenbürgerrecht der Stadt Hameln

verliehen. Die gesamte Bürgerschaft gelobt treue
Gefolgschaft für alle Zeiten. Zur Beurkundung
der Verleihung ist dieser Ehrenbürgerbrief unter
Unterschrift und Anhängung des ältesten großen
Siegels der Stadtgemeinde ausgefertigt

HAMELN DEN 1 MAI 1934

Der Oberbürgermeister

Ehrenbürgerbrief der Stadt Hameln anlässlich von Hitlers Geburtstag am 20. April 1933
Die Urkunde stammt aus dem Jahre 1934.

(Quelle: Stadtarchiv Hameln)

Das Doppelgesicht des „Dritten Reiches"

Joseph Goebbels, seit dem 13. März Reichsminister für Volksaufklärung und Propaganda, notierte am 14. April in sein Tagebuch:

> „Den 1. Mai werden wir zu einer grandiosen Demonstration deutschen Volkswillens gestalten. Am 2. Mai werden dann die Gewerkschaftshäuser besetzt. Gleichschaltung auch auf diesem Gebiet. Es wird vielleicht ein paar Tage Krach geben, aber dann gehören sie uns."

Das Doppelgesicht von „schönem Schein" und brutaler Gewalt, das den Nationalsozialismus insgesamt charakterisiert, kam an diesen beiden Tagen in besonderer Schärfe zur Geltung.

Seit langem „Kampftag" der Arbeiterbewegung, war der 1. Mai nie gesetzlicher Feiertag geworden. Als eine ihrer ersten großen Propagandamaßnahmen erhoben ihn die Nationalsozialisten zum „Tag der nationalen Arbeit".

Die zentrale Großveranstaltung fand wieder in Berlin auf dem riesigen Tempelhofer Feld statt. Hitler beschwor die „Volksgemeinschaft aus Arbeitern der Faust und der Stirn" und kündigte ein großes Arbeitsbeschaffungsprogramm an.

Die Kehrseite zeigte sich am nächsten Tag. Rollkommandos von Polizei, Hilfspolizei, SA und SS besetzten die Gewerkschaftshäuser. Die Organisationen der Arbeiterbewegung wurden verboten, ihr Vermögen beschlagnahmt, Funktionäre festgenommen. Anstelle der Gewerkschaften errichteten die Nationalsozialisten die „Deutsche Arbeitsfront" (DAF), eine Zwangsorganisation. Als „Gefolgschaftsführer" hatten die Unternehmer Befehlsgewalt über die „Gefolgschaft", die Arbeitnehmer.

Der 1. Mai als „Tag der Nationalen Arbeit" – Die Feier in Hameln

In einem gemeinsamen Aufruf kündigten die Nationalsozialistische Betriebszellenorganisation (NSBO, die spätere DAF) und der Magistrat für Hameln an:

Aufstellung der „Gefolgschaft“ eines Betriebes aus der Bahnhofstraße zur Teilnahme am Festumzug in Hameln (Quelle: Aus einem privaten Fotoalbum)

Aufstellung der „Gefolgschaft“ eines Betriebes aus der Bahnhofstraße zur Teilnahme am Festumzug in Hameln (Quelle: Aus einem privaten Fotoalbum)

> „Der 1. Mai wird nicht, wie in vergangenen Zeiten, in klassenkämpferischem Geiste begangen werden, er wird vielmehr die Arbeiter der Faust und des Kopfes in wahrer deutscher Volksgemeinschaft vereint finden“ (Dewezet 26.4.1933).

Am 1. Mai sollten die Einwohner wieder einmal ihre Häuser mit schwarz-weiß-roten und Hakenkreuzfahnen beflaggen und mit Birkengrün schmücken. Wieder einmal sollte ein Fest alles in den Schatten stellen, was es bisher in Hameln gegeben hatte. Gefeiert werden sollte, dass der 1. Mai, ehemals „Kampftag“ der Arbeiterbewegung, nun durch Hitler zum „Tag der nationalen Arbeit“ erhoben wurde. Das Fest sollte alles in den Schatten stellen, was es bisher in Hameln gegeben hatte.

Das Abzeichen des Tages der Arbeit.

Das offizielle Festabzeichen des 1. Mai, des Tages der deutschen Arbeit, das zu einem Preise von 30 Pfennig erstanden werden kann.

Das offizielle Festabzeichen des „Tages der deutschen Arbeit“, das zum Preise von 30 Pfennigen erstanden werden konnte

(Quelle: Archiv der Dewezet, Ausgabe vom 25.4.1933)

Der Tag begann mit einem Frühkonzert der SA-Kapelle. Es folgte ein Gottesdienst im Münster, wo Senior Schotte predigte:

> „Dieser Feiertag der nationalen Arbeit ist ein gütiges Geschenk Gottes. Vor einem Jahre noch war es die Parole des Klassenhasses, die am 1. Mai gepredigt wurde, jetzt heißt die Devise ‚Ehret die Arbeit und achtet die Arbeiter!‘ Stirn und Faust haben einen Bund geschlossen.“

Nach dem Gottesdienst zogen die Fahnengruppen durch Bäcker- und Osterstraße zum Stadion (= heute Bürgergarten), wo NSDAP-Kreisleiter Hauptmann Franz Scheller die Front der Abteilungen abnahm und NSBO-Führer Melcher die „Volksgemeinschaft“ beschwor.

> „Ein unlöslicher Bund zwischen allen Gliedern unseres Volkes ist geschmiedet, Schulter an Schulter stehen von jetzt ab Arbeiter, Bauer und Akademiker. Der Dank für die Vollendung solcher Volksgemein-

> schaft gebührt dem Volkskanzler Adolf Hitler und dem Reichspräsidenten Hindenburg."

Ein dreifaches Sieg-Heil als Gelöbnis dauernder Treue sowie das Deutschland- und das Horst-Wessel-Lied beschlossen die Veranstaltung.

Höhepunkt war der Festumzug am Nachmittag, an dem die Hamelner Vereine, Verbände und die Belegschaften der Betriebe teilnahmen. Entsprechend aufwendig und militärisch exakt war die Organisation. Insgesamt 16 über die Stadt verteilte Sammelstellen hatten die Organisatoren festgelegt, von denen aus die Marschteilnehmer in einer bestimmten Reihenfolge auf den zentralen Sammelplatz auf dem „Rummel" abgerufen wurden. Der Marsch führte durch die ganze Stadt und auch auf die westliche Weserseite. Die ausführliche Schilderung in der Dewezet endet mit den Sätzen:

> „Ein endloser Zug voll immer neuer hübscher Bilder. Eine Stunde und 20 Minuten lang wogte das bunte Band durch die Straßen, durch ganz Hameln. In der Stadt hatten sich zahlreiche Menschen gesammelt, die den Zug freudig begrüßten, Blumen auf die einzelnen Gruppen warfen und die Scharen mit Hochrufen grüßten. Für alle, die ihn erlebten, war dieser Umzug und der ganze gestrige Tag ein Erlebnis" (Dewezet 2.5.1933).

Der Festtag sei „völlig reibungslos und ohne jede Störung" verlaufen, meldete der Oberbürgermeister an den Regierungspräsidenten. Insgesamt sollen – so sagten die Veranstalter – über 12.200 Menschen am Zug teilgenommen haben. Damit wäre halb Hameln auf den Beinen gewesen und die Nationalsozialisten wären ihrem Ziel, die Bevölkerung in ihren Feiern „total" zu erfassen, nahe gekommen.

Der 2. Mai in Hameln – Zerschlagung oder „Gleichschaltung“ der Arbeiterbewegung

Einen Tag später, der Rausch der Feiern war noch nicht verklungen, vernichteten die Nationalsozialisten alle Einrichtungen, die sich die Arbeiterschaft und die Gewerkschaftsmitglieder seit dem Kaiserreich in Hameln aufgebaut hatten: die „Arbeiterwohlfahrt“ (AWO), die Tageszeitung „Niedersächsische Volksstimme“, die Konsum- und Spargenossenschaften, die Gewerkschaftshäuser, die zahlreichen Arbeiter-Sport- und Kulturvereine und vieles mehr.

Die genannten Einrichtungen waren den Angriffen hilflos ausgesetzt und es gelang sehr rasch, sie entweder zu zerschlagen oder sie „gleichzuschalten“. Immobilien waren ohnehin nicht vor dem Zugriff durch die Nationalsozialisten zu schützen.

Die SPD hatte versucht, im Berliner Reichstag eine legale Opposition zu betreiben und als einzige Fraktion gegen das Ermächtigungsgesetz gestimmt, bevor auch sie verboten wurde. Anders als die KPD war sie auf einen Gang in die Illegalität gar nicht eingestellt.

Druckhaus der niedersächsischen Volksstimme in der Heiliggeiststraße (in Höhe des parkenden PKWs) (Quelle: Privatbesitz)

Leuchtend rote Reklametafel der „Niedersächsischen Tageszeitung“ Hannover
(Quelle: Sammlung Gelderblom)

Das von den Nationalsozialisten enteignete und in eine Parteikneipe umgewandelte Gewerkschaftshaus in der Baustraße
(Quelle: Sammlung Gelderblom, Foto 2013)

Nachdem die „Niedersächsische Volksstimme“ bereits am 2. März 1933 verboten worden war, wurde am 10. Mai das Druckhaus in der Heiliggeiststraße 2 (heute „Rosa-Helfers-Haus“) samt Maschinen und Vermögen beschlagnahmt. Fortan wurde hier die Weserberglandausgabe der Niedersächsischen Tageszeitung (NTZ) gedruckt, die sich als „Kampfblatt für den Nationalsozialismus“ verstand. Gleichzeitig wurde das Vermögen der SPD und des Reichsbanners beschlagnahmt.

Am 13. Mai wurden Einrichtungen und Vermögen des Allgemeinen freien Angestelltenbundes (AfA) und der „Arbeiterwohlfahrt“ besetzt und beschlagnahmt. Auf die Einziehung des Vermögens folgte die endgültige Auflösung. Einrichtungen und Vermögen wurden dem örtlichen Beauftragten der Nationalsozialistischen Betriebszellen-Organisation (NSBO) Wilhelm Melcher übergeben, die 1935 in die Deutsche Arbeitsfront (DAF) überging und eine der reichsten NS-Organisationen wurde.

Was nicht zerschlagen wurde, wurde „gleichgeschaltet“, d.h. unter nationalsozialistischer Leitung weitergeführt. Das gilt für die Konsum- und Spargenossenschaft, obwohl die Hamelner Einzelhändler energisch ihre Auflösung forderten, um eine lästige Konkurrenz los zu sein, und für den „Arbeiter-Samariterbund“ (Dewezet 12.6.1933).

Das Vorgehen gegen die Einrichtungen der Arbeiterbewegung wurde in den Zeitungen zumeist verschwiegen oder nur sehr knapp mitgeteilt. Am 11. Mai berichtete die Dewezet von der Beschlagnahme der „Volksstimme", am 17. Mai von der Umwandlung des Gewerkschaftshauses in den „Gasthof zum goldenen Stern" und am 25. Mai, dass die „Konsum- und Spargenossenschaft" nun unter nationalsozialistischer Leitung stehe. Einzelheiten liegen für Hameln im Dunkeln.

Wilhelm Melcher, der Hamelner Beauftragte der Nationalsozialistischen Betriebszellen-Organisation (der Vorgängerin der Deutschen Arbeitsfront) Melcher war verantwortlich für die Zerschlagung bzw. Gleichschaltung der gewerkschaftlichen Organisationen in Hameln.
(Quelle: Bundesarchiv Berlin)

Der große Gebäudekomplex der Konsum- und Spargenossenschaft in der Deisterstraße
(Quelle: Monographien deutscher Städte, 1929)

Treuebekenntnis des offenkundig „gleichgeschalteten“ Eisenbahner-Turnvereins 1934
(Quelle: Stadtarchiv Hameln)

Gänzlich unbeachtet von der Öffentlichkeit verlief die Auflösung der zahlreichen Arbeiter-Kultur- und Sportvereine. Da gab es, um einige zu nennen, den Arbeitersängerbund, den Spielmannszug der Eisengießerei Concordia, den Arbeiter- und Turn- und Sportverein, den freien Sportverein Vorwärts, den Rad- und Motorradfahrerbund Solidarität, den Boxclub Eintracht, den Fußballverein Union, den Flugsportverein Zugvogel, den Segelflugverein Sturmvogel, den Wassersportverein, den freien Arbeiterschützenverein Reichsadler, den Wander- und Touristenverein Naturfreunde, den Sportverein Fichte u.a.m.[18]

Die Vereine wurden vor die Wahl gestellt, sich entweder aufzulösen oder den bürgerlichen Vereinen anzuschließen, die sich – wie der TC und der VfL – willig selbst „gleichschalteten“, indem sie den Arierparagraphen übernahmen und jüdische Mitglieder aus ihren Reihen ausschlossen.

18 Dazu detaillierter Brieden, S. 202-224

Verfolgung und Zustimmung in der Arbeiterschaft

Über die brutalen Verfolgungsmaßnahmen, denen die KPD-Mitglieder ausgesetzt waren, ist oben berichtet worden. Nun traf es vorranging die SPD.

Am 18. Juni geschah in aller Öffentlichkeit ein Akt besonderer Brutalität. 22 SPD-Funktionäre, die in „Schutzhaft" genommen worden waren, wurden – teilweise in Ketten – vom Rathaus durch die Bäckerstraße zum Gefängnis am Münsterwall geführt, ein Spießrutenlauf durch eine feindlich gesinnte, johlende und schlagende Menge.

Arno Reichard, Redakteur der „Niedersächsischen Volksstimme" war von SA-Männern mit Hilfspolizei-Armbinde in seiner Wangelister Wohnung festgenommen und zum Rathaus gebracht worden. Für den wegen seiner kämpferischen Artikel den Nationalsozialisten besonders verhassten Mann hatte man sich etwas Besonderes ausgedacht. Er musste ein Schild um den Hals mit der Aufschrift tragen „Auch ich habe von Arbeitergroschen gelebt".

Nach seiner Entlassung lebte Reichard kümmerlich von Schreibmaschinearbeiten, Beratung in Rechts- und Steuersachen und war, wie er in seinen zahlreichen Kleinanzeigen in der Dewezet formulierte, „auch sonntags zu sprechen". Er starb, gesundheitlich zerrüttet und wirtschaftlich am Ende, am 15. Juni 1936 an einem Herzleiden. 1971 erhielt die vom „Guten Ort" abzweigende Erschließungsstraße in Erinnerung an diesen aufrechten Mann seinen Namen.[19]

Arno Reichard, Redakteur der „Volksstimme", auf einem undatierten Foto aus den 1930er Jahren (Quelle: Stadtarchiv Hameln)

19 Die Dewezet würdigte ihn anlässlich seines 100. Geburtstages am 31. August 1971 mit einem ausführlichen Artikel (31.8.1971). Vgl. auch den Bericht von Ralf Hermes im „Hamelner Boten" vom 14.1.2019.

Um die Mitglieder der SPD nachhaltig einzuschüchtern, kam es – nach dem Verbot der SPD vom 22. Juni – am 24. Juni noch einmal zu einer größeren Verhaftungswelle. Zeitweise sollen zwischen 200 und 300 Sozialdemokraten im Hamelner Gefängnis eingesessen haben. Danach war die SPD endgültig zerschlagen.

Warum war Hitler in seinem Vorgehen gegen die selbstbewusste deutsche Arbeiterbewegung so erfolgreich? Gerade junge Arbeiter fühlten sich von den Parolen der Nationalsozialisten angesprochen. Hitler proklamierte als zentralen Begriff seiner NS-Ideologie die „Volksgemeinschaft", die Idee eines nationalen Sozialismus. Das Volk als Rasse- und Weltanschauungsgemeinschaft sollte sich geschlossen hinter seinem Führer versammeln, Klassen- und Standesschranken aufgehoben sein. Leistung sollte zählen statt Herkommen und Rang. Das setzte bei vielen Menschen ungeahnte Kräfte frei.

Hamelner Hitlerjugend 1935
Das Regime setzte auf die Jugend, der es große Freiräume zubilligte.
(Quelle: Stadtarchiv Hameln)

Der Glaube an die „Volksgemeinschaft" funktionierte auch wegen des verbreiteten Wissens um die Terrormaßnahmen des Regimes. Gerade das harte Vorgehen gegen die „Volksschädlinge" war populär. Wer nichts leistet, soll auch nichts essen und am besten im Lager erzogen werden. Zum Bild der „Volksgemeinschaft" gehörte immer auch das Gegenbild derer, die nicht dazu gehörten: die weltanschaulichen Feinde, die rassisch oder sexuell „Andersartigen", die körperlich und psychisch Belasteten.

Verfolgung und Zustimmung in bürgerlichen Kreisen

Das Regime ging auch – freilich in zahlenmäßig weit geringerem Ausmaß – gegen Personen aus bürgerlichen Kreisen vor. Heinrich Spanuth, Direktor des Oberlyzeums, also des heutigen Viktoria-Luise-Gymnasiums, wurde Anfang Mai 1933 aus heiterem Himmel seines Postens enthoben (Dewezet 13.5.1933). Einen Monat später verlor er auch sein Amt als Vorsitzender des renommierten Hamelner „Vereins für Kunst und Wissenschaft", das er seit 1919 inne hatte. Sein Nachfolger wurde Oberstudiendirektor Dr. Boeckmann vom Gymnasium für Jungen, dem heutigen Schiller-Gymnasium (Dewezet 17.6.1933).

Der damals Sechzigjährige erlitt einen Nervenzusammenbruch. Um sich ein Tätigkeitsfeld zu erhalten, stellte sich Spanuth in der Folge rückhaltlos in den Dienst des Regimes und wurde Parteimitglied. 1936 legte er eine detaillierte Planung für

Heinrich Spanuth (rechts) im Kreis des Kollegiums des Oberlyzeums 1927 (Quelle: https://www.vikilu.de/vikilu/ueber-uns/schulgeschichte/die-weimarer-republik-1918-1933.html)

ein „Erntebrauchmuseum“ vor, das im Stiftsherrenhaus eingerichtet werden sollte. Er knüpfte an die „Reichserntedankfeste“ auf dem nahen Bückeberg an. Im „Erntebrauchmuseum“ wollte Spanuth die angebliche „Christianisierung germanischen Brauchtums“ rückgängig machen.[20]

Im selben Jahr 1936 veröffentlichte Spanuth, der von Hause aus Theologe war, „Das Leben Jesu … deutsch und evangelisch geschaut“. Er vertrat darin die Position der „Glaubensbewegung Deutsche Christen“, der er sich auch selbst angeschlossen hatte. Die „Deutschen Christen“ forderten „Rassenreinheit“ als Bedingung für eine Kirchenmitgliedschaft und die Loslösung der evangelischen Kirche von jüdischen Wurzeln. Auf dem Boden der völkisch-rassischen NS-Ideologie stehend wurde für ihn der Schutz des Volkes vor den „Untüchtigen und Minderwertigen“ wichtiger als die christliche Nächstenliebe.

Bereits am 13. April 1933 traf der Bannstrahl der Hamelner Nationalsozialisten auch die Dewezet. Auf der Kreistagssitzung am 10. April 1933 wurde der folgende Dringlichkeitsantrag angenommen:

> „Auf Grund des ungemein gehässigen Artikels in der „Deister- und Weserzeitung“ Nr. 82 vom 6. April 1933 … wird der „Deister- und Weserzeitung“ mit sofortiger Wirkung der amtliche Charakter als Kreisblatt entzogen.“

Amtliches Publikationsorgan von Stadt und Landkreis wurde stattdessen die Niedersächsische Tageszeitung Weserbergland, ein reines NS-Blatt. Für die Dewezet war das ein herber Verlust.

Die Dewezet hatte in einem Leitartikel bei grundsätzlicher Zustimmung zu den Maßnahmen der neuen Regierung an bestimmten „Formen der Wandlung“ behutsame Kritik geübt. Sie hatte etwa gemahnt, jene, die bisher nicht zustimmen konnten, nicht durch Gewalt, sondern durch Argumente umzustimmen und nicht bei allen Beamten aus der Weimarer Zeit pauschal Korruption zu wittern („Wir wollen in Deutschland nicht übles Denunziantentum einreißen lassen.“). Zum „Juden-Boykott“ vom 1. April schrieb sie:

---

20 StA Hameln, Best. 1, Nr. 983

> „Diese Aktion hat vollen Erfolg gehabt. … Man schießt aber nicht mehr mit Kanonen, wenn der Gegner bezwungen ist.“

Der NSDAP-Kreisleiter Erich Teich ließ sich – in der Pose des Bürgerschrecks – durch den Artikel zu der maßlosen Drohung hinreißen:

> „Wenn es eine bürgerliche Zeitung noch einmal wagen sollte, in dieser Form eine Kritik zu üben, dann werde man auch vor der Maßnahme nicht zurückschrecken, die man gegen die marxistische Presse angewandt habe, nämlich ein Verbot auszusprechen“ (Dewezet 11.4.).

Noch in derselben Ausgabe nahm die Dewezet zu den Angriffen Stellung. Sie sah darin eine „Ungerechtigkeit“ und „Härte“. Im „wohlverstandenen Interesse der nationalen Sache“ habe sie Kritik üben wollen und in keinem Punkte

> „einen grundsätzlichen Widerspruch zu den Maßnahmen der Regierung erkennen lassen. … Die Tatsache der unbedingt nationalen Einstellung unseres Blattes und der Bereitwilligkeit der ‚Deister- und Weserzeitung‘, dem nationalen Aufschwung unserer Tage in Wort und Bild würdigen Ausdruck zugeben, wird uns von keinem billig denkenden Leser abgesprochen werden“ (Dewezet 11.4.).

Tatsächlich ist in der Berichterstattung der Dewezet seit dem Amtsantritt Hitlers keine Kritik an Maßnahmen des Regimes zu erkennen. Die Zeitung ist allerdings eine aufmerksame Chronistin, die auch Dinge meldet, die dem Regime von manchem Leser kritisch angelastet werden könnten, wie etwa der Brandanschlag auf die Synagoge. Die größten Grausamkeiten erspart sie ihren Lesern allerdings, etwa das dreimalige Spießrutenlaufen oder die Riesenblamage, die der NSDAP widerfährt, als der Regierungspräsident die Entlassung von Oberbürgermeister Scharnow rückgängig macht (s.u.).

Am 4. Oktober 1933 verabschiedete das NS-Regime das sog. „Schriftleitergesetz“, das am 1. Januar 1934 in Kraft trat. Spätestens zu diesem Zeitpunkt unterstand auch die Dewezet in ihrer Berichterstattung den Richtlinien der Reichspressekammer und verlor ihre redaktionelle Selbstständigkeit.

Hameln (Einmündung des Münsterkirchhofs in die Bäckerstraße) im Flaggenschmuck angesichts des dritten „Reichserntedankfestes“ am 6. Oktober 1935
Mit seinen zahlreichen Festen und Feiern erzeugte das Regime erfolgreich den „schönen Schein des Dritten Reichs“.

(Quelle: Stadtarchiv Hameln)

Die Umgestaltung der Stadtverwaltung

Seit der Kommunalwahl vom 12. März besaß die NSDAP die absolute Mehrheit im Rat. In dieser frühen Phase des Nationalsozialismus drängten sich die fanatischen Kräfte nach vorn und ließen ihrem Hass auf wirkliche oder vermeintliche Gegner freien Lauf. Die Wochen und Monate sind von einer erschreckenden Brutalität und Rohheit einerseits und einem totalen Dilettantismus, was Fragen der Verwaltung angeht, andererseits gekennzeichnet.

Die erste Sitzung des neugewählten Bürgervorsteherkollegs

Am 31. März fand in aufgeheizter Stimmung unter breiter Beteiligung der Öffentlichkeit im Stadtsaal in der Garnisonkirche die erste Sitzung des neugewählten Bürgervorsteherkollegs (= Stadtrats) statt (Dewezet 1.4.1933). Die Bühne des Saals war mit Fahnen und Bildern von Hitler, Hindenburg und Göring geschmückt. Mit zwölf Sitzen verfügte die NSDAP in dem Gremium über die absolute Mehrheit.

Oberbürgermeister Scharnow eröffnete die Sitzung mit einer Rede, von der aus Kreisen der NSDAP behauptet wurde, „ein eingefleischter Nationalsozialist hätte keine bessere ... halten können“[21].

Von den vier zu wählenden Senatoren oder Bürgervorstehern, die zusammen mit den beiden Bürgermeistern den Magistrat bildeten, standen zwei Plätze der NSDAP und einer bürgerlichen Einheitsliste zu. Die Wahl fiel auf Karl Brombach, Franz Scheller und Adolf Warneson. Der SPD stand rechnerisch ein Sitz zu, für den sie Albert Lehmann nominierte.

Als „Bürgervorsteher-Wortführer“ führte Wilhelm Melcher in seiner Antrittsrede aus:

> „Adolf Hitler und Hindenburg haben das alte und das neue Deutschland endlich zusammengeführt. Wir erleben heute den denkwürdigen Tag, an dem diese Volksgemeinschaft auch in den Gemeinden ihre Geschicke selbst in die Hand nehmen will. Wir schwören in dieser Stunde

21 Zitiert nach Rollfing, Die Machtübernahme, S. 29

Das neu gewählte Bürgervorsteherkolleg, vorn die drei Senatoren Adolf Warneson, Hauptmann a.D. Franz Scheller und Karl Brombach; stehend von links: Georg Schimpf, Heinrich Thiemann, Friedrich Riechert, Hermann Schünemann, Wilhelm Melcher, Otto Schmidt, Dr. Otto Garbe, Wilhelm Strohmeier, Bruno Stroncik, Ernst Olbrich, Heinrich Brackmann und Fritz Lüttgau
Während die NSDAP-Mitglieder an ihren SA-Uniformen erkennbar sind, gehören die drei in Zivil gekleideten Männer der bürgerlichen Einheitsliste an.
Im Hintergrund ist die geschmückte Bühne des Stadtsaals zu erkennen.
(Quelle: Archiv der Dewezet, Ausgabe vom 18.4.1933)

> dem Reichskanzler Adolf Hitler und dem Reichspräsidenten Treue. Von dem Wege, den sie uns vorschreiben, werden wir nicht um Haaresbreite abweichen“ (Dewezet 1.4.1933).

Und an den SPD-Senator Albert Lehmann gewandt erklärte er:

> „Jeder Marxist und jeder, der sich uns entgegenstellt, wird von der Arbeit hier ausgeschlossen sein. Ich erkläre schon heute, daß der hier gewählte sozialdemokratische Senator von der Regierung nicht bestätigt werden wird. Für Korruption, Schieber und Wucherer ist in der Stadt Hameln künftig kein Platz mehr.“

Der Bericht der Dewezet endete in dem Satz:

> „Das Haus nimmt die Worte (= von Wilhelm Melcher) mit starkem Beifall auf und singt stehend das Horst-Wessel-Lied."

Unter dem Druck der anwesenden Öffentlichkeit hatte sich die Ratssitzung zu einer Feier der lokalen Machtübernahme entwickelt.

Nach dieser massiven Drohung nahm an der nächsten Ratssitzung kein Sozialdemokrat mehr teil. Georg Wilke, Heinrich Hage, Ernst Bauer, Albert Lehmann, Heinrich Löffler und Friedrich Loges legten ihr Mandat nieder.

Als am 10. April 1933 die Eröffnung des neuen Kreistages stattfand, hatten die Verantwortlichen als Ort nicht den Saal des Kreishauses, sondern den viel größere Saal im Hotel Monopol gewählt. Erneut war die Bühne mit Fahnen und Bildern von Hitler, Hindenburg und Göring geschmückt. Zusätzlich war auf den Längsseiten des Saals in drohender Pose SS aufmarschiert (Dewezet 11.4.). Angesichts der herrschenden Stimmung waren die Vertreter der SPD der Sitzung von vornherein ferngeblieben. NS-Kreisleiter Erich Teich bemerkte dazu:

> „Wer nicht mitarbeiten wolle, der möge sich zum Teufel scheren" (DWZ 11.4.).

Die Amtsenthebung von Oberbürgermeister Otto Scharnow

Das Problem für den neuen NSDAP-dominierten Stadtrat war, dass er es mit einer Stadtverwaltung zu tun hatte, die aus der Weimarer Zeit stammte. An ihrer Spitze standen mit Oberbürgermeister Otto Scharnow (DVP-Mitglied und Exponent des konservativen Bürgertums) und Bürgermeister Walter Harm (SPD) zwei Männer, welche für die NSDAP untragbar waren. Beide Ämter waren allerdings mit einer gesetzlichen Amtsdauer von zwölf Jahren ausgestattet, welche die NSDAP natürlich nicht abwarten wollte.

Die Entlassung von Walter Harm war einfach zu realisieren, nachdem sich die Nationalsozialisten mit dem am 7. April 1933 verabschiedeten „Gesetz zur Wiederherstellung des Berufsbeamtentums" ein Instrument geschaffen hatten, um unliebsame Beamte, Angestellte und Arbeiter aus politischen und rassischen Gründen aus dem Dienst zu entfernen. Erstmals fand damit die Rassenlehre Eingang in die Gesetzgebung.[22] „Gesäuberte“ Posten wurden mit „alten Kämpfern“ besetzt, die ihrer Aufgabe häufig nicht gewachsen waren.

Schwieriger war die Ablösung von Dr. Scharnow zu bewerkstelligen. Dieser hatte sich sofort auf die Seite der neuen Machthaber gestellt, sprach z. B. das Verbot der „Niedersächsischen Volksstimme“ aus und trug die von der NSDAP beantragte Entlassung von Dr. Harm mit. Ohnehin gab es zwischen Konservativen und Nationalsozialisten breite Interessensidentitäten.

Rathaus und Hochzeitshaus, undatiert

(Quelle: Stadtarchiv Hameln)

Die Entlassung von Scharnow inszenierten die Nationalsozialisten als „Theatercoup“.[23] Donnerstag, der 27. April, früher Morgen, die Sirenen heulen. „Erregte“ Bürger sammeln sich vor dem Hochzeitshaus. Die Ratsfraktion der NSDAP tagt und beschließt Scharnows Amtsenthebung und die Einleitung eines Disziplinarverfahrens. Als Scharnow gegen 8.15 Uhr im Rathaus eintrifft, poltert die gesamte NSDAP-Fraktion in sein Dienstzimmer und konfrontiert ihn mit dem Beschluss.

22 Fleiter, S. 42. Schätzungen gehen – reichsweit – von rund 30.000 betroffenen Beamten aus. Die Zahl der entlassenen Arbeiter und Angestellten ist darin nicht enthalten.

23 Rollfing, Machtübernahme, S, 16

Links Oberbürgermeister Dr. Otto Scharnow, rechts sein Nachfolger Hauptmann a.D. und kommissarischer Oberbürgermeister Franz Scheller
(Quelle: links Spanuth, Geschichte der Stadt Hameln, rechts Bundesarchiv Berlin)

Dem überrumpelten Manne blieb nichts anderes übrig, als zu erklären, er werde seine Beurlaubung beantragen. Als kommissarischer Oberbürgermeister und Chef der Polizei fungierten nun Hauptmann Scheller und als kommissarischer Bürgermeister Dr. Ahlswede.

Die so schneidig in Angriff genommene „Säuberung" der Verwaltungsspitze wollte aber nicht recht in Gang kommen. Für die Hamelner NSDAP war es eine riesige Blamage, als der Regierungspräsident in Hannover sich weigerte, Scharnow zu entlassen und ihn zwei Tage später, am 29. April, wieder in sein Amt einsetzte. Wilhelm Melcher etwa empfand das als „eine schwere Niederlage". Die Dewezet meldete diese Neuigkeit ihren Lesern nicht. Die Regierung verlangte darüber hinaus, dass Scharnow im Festzug zum 1. Mai mit marschieren dürfe und die NSDAP für seine Sicherheit zu sorgen habe – eine weitere Demütigung.[24]

24 Rollfing, Machtübernahme, S. 17

Ein Ermittlungsverfahren, in dem die Regierung die Vorwürfe gegen Scharnow (politische Unzuverlässigkeit, persönliche Vorteilsnahme im Amt u.s.w.) prüfte, zog sich länger hin. Die Regierung hatte ein Interesse an einer funktionierenden Verwaltung und scheute Kosten durch vorzeitige Pensionierungen. Sie bemühte sich deswegen, vor allem Spitzenbeamte im Dienst zu halten, womöglich indem sie versetzte.

Nachdem die Regierung zwei Monate lang nichts hatte von sich hören lassen, ließ sich Senator Brombach zu einer offenen Drohung hinreißen:

> „Sollten die der endgültigen Beseitigung Dr. Scharnows entgegenstehenden Hemmungen bei den vorgesetzten Behörden weiterhin aufrecht erhalten werden, dann könne in Hameln leicht etwas geschehen, worüber man nicht gern sprechen würde. Jedenfalls stünden dann böse Folgen in Aussicht."

Die Dewezet veröffentlichte diese rüden Sätze am 7. Juni. Der Regierungspräsident rügte daraufhin in scharfer Form, wie in Hameln gegen Scharnow vorgegangen werde. Während eines schwebenden Ermittlungsverfahrens sei eine derartige Stimmungsmache in der Bevölkerung nicht zulässig.

Womöglich weil der Druck aus Hameln zu groß wurde, teilte die Regierung Otto Scharnow am 11. Juli 1933 schließlich doch mit, dass man von einer Wiedereinsetzung in sein Amt absehen müsse. Mit der kommissarischen Verwaltung der Stelle beauftragte sie Hauptmann Scheller. Scharnow erhielt eine Stelle in Soest.

Die „Säuberung" der Verwaltung

Zurück zum „Theatercoup" vom 27. April. Nach dem „Rauswurf" des Oberbürgermeisters tagte die Fraktion unter Leitung Schellers weiter und beschloss, „sofort" sechs im Bericht der Dewezet vom 28.4. namentlich genannte Beamte der Verwaltung in „Schutzhaft" zu nehmen und zwölf weitere vom Dienst zu beurlauben. Auch Mitarbeiter auf der unteren Ebene der Verwaltung waren betroffen.

Zur Gruppe der in „Schutzhaft" genommenen Beamten gehörte der Direktor der Stadtwerke Engelmann. Er wurde von einem seiner Angestellten, Rudolf Wedeking, festgenommen, der sich dazu mit einer Pistole bewaffnet hatte.[25] Wedeking wurde 1935 selbst Leiter der Stadtwerke.

In derselben Sitzung wurde ein Ausschuss eingesetzt, der unter Leitung des Ortsgruppenleiters Karl-Heinz Schatzberg die angebliche Korruption in der Stadtverwaltung „seit 1919" untersuchen sollte. Um in den Besitz von belastendem Material zu gelangen, forderte Scheller das Personal der Verwaltung offen zur Denunziation auf und entband „alle Beamten und Angestellten von ihrer Schweigepflicht".[26] Wer wollte, konnte jetzt auf Kosten des politischen oder persönlichen Gegners Karriere machen.

Am Abend desselben Tages fand im vollbesetzten Stadtsaal eine Ratssitzung statt. Draußen auf der Osterstraße sorgte die SA-Kapelle für Stimmung. Als „Überraschung des Abends" (Dewezet 28.4.) präsentierte der kommissarische Oberbürgermeister Scheller als neuen kommissarischen Bürgermeister den Rechtsanwalt Dr. Ahlswede.

Ahlswede präsentierte sich in seiner Antrittsrede mit Hinweis auf die Ereignisse des frühen Vormittags („Sirenenputsch") als Bürgerschreck:

> „Sie haben heute morgen in Hameln etwas erlebt …, was vielleicht manche Hamelner Bürger aus dem Schlafe aufgeschreckt hat. Wir danken das unserem Stadtkreisleiter, Hauptmann Scheller, der den Willen gezeigt hat, das durchzusetzen, was die Mehrheit der Einwohnerschaft erwartet hat."

Melcher prahlte gar:

> „Wir haben heute den Schutthaufen, der in Hameln liegt, weggeräumt!"

So weit sind uns die Ereignisse des Tages aus der Dewezet bekannt. Über einen Akt besonderer Brutalität berichtete die Zeitung nicht. Walter Scheumann, als Stadtbauobersekretär im Bauamt tätig, gehörte zu den sechs in „Schutzhaft" genommenen Männern. Was nun geschah, schilderte Scheumann zwölf Jahre später in

---

25 Landesarchiv Hannover, Hann 80, Hann II, Nr. 751
26 StA Hameln, Best 1, Nr. 2732

seinem Antrag auf Wiedergutmachung vom 28. November 1955.[27]

> „Um der Bevölkerung und insbesondere den Mitgliedern der NSDAP ein möglichst eindrucksvolles Schauspiel zu bieten, ging die erste Verhaftung (= am 27.4.) so vor sich, daß die Häftlinge zuerst einzeln von Polizisten in Begleitung von SA Männern vor den Haupteingang des Rathauses, vor dem sich bereits gehässige Nazis dicht drängten, geschleppt wurden. Während dieser Sammelaktion wurden sämtliche Glocken Hamelns geläutet.
> Nachdem das Nazikommando glaubte, genügend politische Gegner … im Rathaus zusammengetrieben zu haben, wurden wir Verhafteten im Flur aufgestellt und dann gezwungen, einzeln durch das Hauptportal zu treten. Wir mußten uns in Reihen zu je 4 Mann aufstellen.
> Inzwischen johlte, schrie und schimpfte der Mob. Unter dem Geläute sämtlicher Glocken setzte sich dann der traurige Zug angesehener Männer in Marsch, voran ging eine Horde dunkler ‚Ehrenmänner' der SA, seitlich rechts und links waren wir von einem starken Aufgebot von Polizisten eskortiert.
> Man führte uns durch die Straßen der Stadt unter fortwährendem Geläut der Sturmglocken. Die Bürgersteige … waren überfüllt von unruhigen, schlimmen Elementen, die bis zur Weißglut aufgestachelt waren. … Das Volk erging sich in wüsten Schimpfkanonaden. …
> Unter solchen beschämenden Umständen erreichten wir den Gefängnishof, die wir wie eine Horde Schwerverbrecher in übelstem Triumphzuge der Nazis durch die Stadt geführt wurden. …
> Meine Nerven waren am Ende, es ist mir nach dem Erlebten nie mehr gelungen, die alte Spannkraft wieder zu gewinnen. Am 27. April wurde ich von der Stadtverwaltung Hameln, bei der ich als beamteter Stadtbauobersekretär tätig war, ohne Nennung von Gründen mit sofortiger Wirkung beurlaubt."

Scheumann wurde nicht wieder in städtische Dienste aufgenommen.

27 Landesarchiv Hannover, Hann 120, Acc. 58/65, Nr. 281; vgl. Rollfing, Machtergreifung, S. 25

Derartiges „Spießrutenlaufen" durch eine erregte Menge veranstaltete die Hamelner NSDAP mehrmals. Am 18. Juni wurden 22 SPD-Männer – teilweise in Ketten – durch die Straßen zum Gefängnis geführt. Später traf es den Bauunternehmer Köberle.

Um die Entfernung der beurlaubten oder in „Schutzhaft" genommenen Beamten des mittleren Dienstes zu rechtfertigen, fertigte die Hamelner NSDAP Dossiers an, die als Grundlage für ihre Entlassung nach dem „Berufsbeamtengesetz" dienen sollten. Die häufigsten Vorwürfe waren „antinationales" Verhalten, „gehässiges Auftreten" gegenüber der NSDAP, politische Unzuverlässigkeit, Sympathie für die SPD, persönliche Vorteilsnahme, dienstliche Verfehlungen oder persönliche Mängel.

Stadtsekretär Wettig wurde „gehässiges Auftreten gegen die nationale Bewegung" zum Vorwurf gemacht.
Dem Stadtinspektor Tegtmeyer hielt man vor:

> „Milch für Ferienwanderung aus dem Jahre 1926 noch nichts (!) bezahlt. Beweis Domänenpächter Block in Ohsen."
> „Verkehrt heute noch mit Personen des fr. (= früheren) Reichsbanners, der SPD, des Konsums und veranstaltet Trinkgelage."

Polizeihauptwachtmeister Döring sei gegen Anhänger der „nationalen Bewegung" besonders „gehässig" aufgetreten. Als Beleg führte Oberbürgermeister Scheller an:

> „Hätte der Magistrat der Stadt Hameln am 27. April 1933 Döring nicht in Schutzhaft nehmen lassen, so wäre nach Ansicht des Unterzeichneten, der die Hamelner Verhältnisse ganz genau kennt, Döring schon längst eine Leiche."[28]

Die Anträge auf Entlassung sandte die Regierung in Hannover als „äußerst mangelhaft bearbeitet und begründet" nach Hameln zurück. Scheller schickte sie dann erneut nach Hannover, teilweise mit der Bemerkung versehen:

---

28 StA Hameln, Best. 1, 2732

> „Es genüge, wenn Nationalsozialisten ausgesagt hätten, es handele sich bei den Betreffenden um unzuverlässige Personen, die ausgemerzt werden müssten. Es sei unter ihrer Würde, darüber Beweise beizubringen.“

Trotz wiederholter Mahnungen blieben die Berichte lückenhaft und unglaubwürdig.

Für zehn Betroffene musste die Stadt schon am 22. Mai 1933 die Beurlaubung rückgängig machen. Am Ende wurden nachweislich drei Beamte entlassen, die Polizeihauptwachtmeister Döring und Hage[29] sowie den Leiter des Wohlfahrtsamtes Tegtmeyer. Der Direktor der Stadtwerke Engelmann wurde in den vorzeitigen Ruhestand versetzt. Über den Verbleib eines weiteren Mannes, des Kanalmeisters Tute, fehlen Unterlagen, ebenso für die Angehörigen des unteren Dienstes.

Die Ablösung von Hauptmann Scheller als Oberbürgermeister durch Detlef Schmidt im Dezember 1933

Kennzeichnend für die Amtsführung des kommissarischen Oberbürgermeisters Scheller war die „Strafaktion“ gegen den Bauunternehmer Köberle am 5. Oktober 1933. Gegen Köberle stand der Vorwurf im Raum, er habe für seine Arbeiter keine Invalidenmarken geklebt. Hinter dem Rücken der Polizei hatte Scheller Köberle von fünf SA-Männern durch die Stadt führen lassen, wobei er ein Schild mit der Aufschrift zu tragen hatte:

> „Ich bin ein Lump, ich habe meine Arbeitnehmer um RM 2410,00 Invalidenversicherungsbeiträge betrogen und das Geld für mich verbraucht.“

Das wiederholte „Spießrutenlaufen“ versetzte nicht nur die Hamelner Öffentlichkeit in große Aufregung. Auch innerhalb der Hamelner NSDAP, die mit manchen Skandalen zu kämpfen hatte und ihr schlechtes Image aus der „Kampfzeit“ loswerden wollte, erregte der Fall großes Missfallen. Gegenüber der Staatsanwaltschaft versuchte Scheller die Verantwortung auf andere zu schieben. Der Fall Köberle

29 StA Hameln, Best. 1, Nr. 999

spielte auch eine wichtige Rolle bei der Entlassung von Oberbürgermeister Scheller.

Scheller und Bürgermeister Dr. Ahlswede blieben nur bis Dezember 1933 im Amt. Beiden warf die Regierung mangelnde Sachkenntnis vor. Scheller wurde vor allem vorgehalten, beim Umgang mit den städtischen Bediensteten voreingenommen gewesen zu sein. Er bleibe auch „nicht immer bei der Wahrheit".

Im Wahlkampf und unmittelbar nach der Machtergreifung war es einfach gewesen, die Schuld auf die „typisch sozialistische Mißwirtschaft" zu schieben. Beim Versuch, es besser zu machen, scheiterten die Nationalsozialisten der ersten Stunde jedoch kläglich. Viel mehr als öffentliche Symbolpolitik gelang ihnen nicht.

Detlef Schmidt, 1934-1945 Oberbürgermeister in Hameln
(Quelle: Spanuth, Geschichte der Stadt Hameln)

Mit Oberbürgermeister Detlef Schmidt, vormals Oberbürgermeister von Neumünster, Bürgermeister Emil Busching und Stadtrat Dr. Hans Krüger (seit 1936) besetzte die Regierung alle Führungspositionen mit erfahrenen Verwaltungsbeamten, die zugleich überzeugte Nationalsozialisten waren.

Fazit

Als Hitler im November 1933 die deutsche Bevölkerung erneut an die Wahlurnen rief, entfielen auf die Einheitsliste der NSDAP 92,2 Prozent. Nach Meinung renommierter Historiker entsprach dieses Ergebnis im Großen und Ganzen der wirklichen Stimmung.

Innerhalb von nur wenigen Monaten war es den Nationalsozialisten gelungen, die politische Ordnung in Deutschland tiefgreifend zu verändern. Viele waren bereit, der „neuen Zeit" zu folgen. Mochte es noch Menschen geben, die Hitler ablehnend oder zumindest skeptisch gegenüberstanden – in der Öffentlichkeit waren sie nicht mehr zu sehen. Der Wunsch nach Einheit und Aufbruch, nach Überwindung der politischen Feindschaften war vorherrschend.

Hitlerbüste im Erdgeschoss des Hochzeitshauses

(Quelle: Stadtarchiv Hameln)

- „Arbeitsbeschaffungsmaßnahmen“ wie die Anlage des Waldfriedhofs Am Wehl und der Siedlungsbau am Großen Osterfeld wie an der Holtenser Landstraße dienten der „Volksgemeinschaft“ und wurden propagandistisch groß herausgestellt.

- Die Partei prägte den Alltag der „Volksgenossen“, führte „Stadt und Land“ zusammen und sammelte regelmäßig zum „Winterhilfswerk“.

- Ganz im Dienste der „Volksgemeinschaft“ standen die großen Feste, wie das mit Hameln besonders verbundene „Reichserntedankfest“ auf dem Bückeberg.

- Erschreckend wirksam war die sozialintegrative und mentalitätsprägende Kraft der „Hitlerjugend“.

Die „Volksgemeinschaft“ war aber immer zugleich eine Ausgrenzungsgemeinschaft. Zu ihrem Bild gehörten die „Volksschädlinge“. Das brutale Vorgehen gegen die Juden hat Hitler offenkundig nicht geschadet, löste aber eine moralische Erosion aus, welche die „Endlösung“ denkbar machte. Die Hamelner Verwaltung war in ihren unterschiedlichen Ämtern an dieser Ausgrenzung beteiligt. Sie war es, welche die beiden „Judenhäuser“ der Stadt eingerichtet und die Hamelner Juden gezwungen hat, dort einzuziehen. Die Umsetzung der Unrechtsmaßnahmen war den Beamten dadurch erleichtert, dass sie in bürokratische Akte gekleidet waren, die ihnen den Schein von Legalität verliehen.

Quellen und Literatur

Archive:

United States Holocaust Memorial Museum
Bundesarchiv Berlin
Landesarchiv Hannover
Stiftung Topographie des Terrors, Berlin
„Stürmer"-Archiv, Nürnberg
Stadtarchiv Hameln
Archiv der Dewezet
Archiv zur Geschichte der Arbeiterbewegung in Hameln und Umgebung, Ordner 1-11 (Privatbesitz)

Webseiten

http://www.gelderblom-hameln.de/nszeit/nszeit.html
http://www.geschichte-hameln.de/nstaeter/nstaeter.php
https://www.vikilu.de/vikilu/ueber-uns/schulgeschichte/die-weimarer-republik-1918-1933.html

Literatur:

Hubert Brieden, „Die Polizei griff ein …“. Die vergessene Geschichte der Hamelner Arbeiterbewegung, Hannover 1994

Rüdiger Fleiter, Stadtverwaltung im Dritten Reich. Verfolgungspolitik auf kommunaler Ebene am Beispiel Hannovers, Hannover 2006

Bernhard Gelderblom, Hameln zum Beispiel. Zusammenbruch und Neubeginn in einer deutschen Kleinstadt, in: Kriegsende 1945, Praxis Geschichte Heft 2, 2005, S. 16-21

Ders., Die Juden von Hameln von ihren Anfängen im 13. Jahrhundert bis zu ihrer Vernichtung durch das NS-Regime, Holzminden 2012

Hameln-Pyrmont. Ein Heimatbuch des Kreises, hrsg. vom Kreisausschuß des Kreises Hameln-Pyrmont, Magdeburg 1934

Hameln. Monographien deutscher Städte, hrsg. von Erwin Stein, Band XXXIII, Berlin-Friedenau 1929

Hubertus Rollfing, Politische und soziale Verhältnisse in Hameln 1919-1933. Stadtgeschichte Hameln 1919-1949, o.O., o.J.

Hubertus Rollfing, Die Machtübernahme durch die Nationalsozialisten in Hameln 1933. Stadtgeschichte Hameln 1919-1949, o.O., o.J.

Hubertus Rollfing, Nationalsozialismus in Hameln. Stadtgeschichte Hameln 1919-1949, o.O., o.J.

Heinrich Spanuth, Geschichte der Stadt Hameln, Hameln 1983

Michael Wildt, Die zerborstene Zeit. Deutsche Geschichte 1918-1945, München 2022

Weitere Bücher zum Thema im Verlag Jörg Mitzkat www.mitzkat.de

Bernhard Gelderblom
Die NS-Reichserntedankfeste auf dem Bückeberg 1933 - 1937
Aufmarsch der *Volksgemeinschaft*
und Massenpropaganda
200 S.; 200 Abb., 19,80 Eur[D]
978-3-95954-059-9;

Gelderblom, Bernhard
Die Juden von Hameln
336 S.; 30 x 21 cm; 400 Abb.; gb;
978-3-940751-39-3, 29,80 Eur[D]

Gelderblom, Bernhard
Die Juden von Coppenbrügge
352 S., 21x15 cm, br;
189 Abb., davon 32 farbig
978-3-95954-017-9, 19,80 Eur[D]

Bernhard Gelderblom
Stolpersteine...
144 S.; 17 x 21; br;
978-3-95954-106-0; 10,00 Eur[D]

Gelderblom, Bernhard
Die Juden in den Dörfern des Fleckens Salzhemmendorf
252 S.; 21 x 15 cm; br;
978-3-940751-76-8, 19,80 Eur[D]

„Am schlimmsten waren das Heimweh und der Hunger“
96 S.; 21 x 28 cm; br;
978-3-931656-66-9
4,95 Eur[D]

Ausländische Zwangsarbeit in Hameln
512 S.; 21 x 15 cm; gb;
978-3-931656-96-6, 12,95 Eur[D]

Gelderblom, Bernhard [Hg.]
Als Kriegsgefangener und „Displaced Person“ 1945 in Hameln
152 S.; 21 x 15 cm; br;
978-3-95954-001-8, 12,80 Eur[D]

Außerdem:

Gelderblom, Bernhard
Jüdisches Leben im mittleren Weserraum
304 S.; 21 x 15 cm; gb;
978-3-931656-57-7, 14,80 Eur[D]

Bernhard Gelderblom
Von den Bewohnern der „Russenkaserne“
978-3-95954-102-2; 14,80 €

Bernhard Gelderblom
Die Toten der „Russenburg“ in Salzhemmendorf
978-3-95954-087-2; 14,80 €

Barbesolle, Olga / Coupé, Hélène
Les Sans-Amour - Die Ungeliebten
Erinnerungen der ukrainischen Zwangsarbeiterin Olga Barbesolle 1942-1945
512 S.; 17 x 24 cm; gb; 29,80 Eur[D]
978-3-940751-93-5